我们一起解决问题

赢在人力资源系列图书

从 HR 到 HRBP

成为专业 HRBP 的七大实战场景与基本技能

王海 著

人民邮电出版社

北 京

图书在版编目（CIP）数据

从HR到HRBP：成为专业HRBP的七大实战场景与基本技能 / 王海著. -- 北京：人民邮电出版社，2020.7
（赢在人力资源系列图书）
ISBN 978-7-115-54199-4

Ⅰ. ①从… Ⅱ. ①王… Ⅲ. ①企业管理－人力资源管理 Ⅳ. ①F272.92

中国版本图书馆CIP数据核字(2020)第095292号

内 容 提 要

作为人力资源管理三支柱之一，HRBP是人力资源部与业务部门沟通的桥梁。HRBP既要懂得人力资源专业知识，又要能识别业务部门的痛点，提出有针对性的解决方案；既要能帮助业务部门维护员工关系，协助业务经理更好地管理员工，又要能利用专业素养发现业务环节中存在的各种问题，并设计出更为合理的工作流程。HR要想成长为合格的HRBP，就不能闭门造车，要主动贴近业务，并快速掌握专业HRBP必修的七大"硬功夫"。

本书从业务场景出发，讲述了HR成长为HRBP必修的七大技能，包括根据企业经营战略做好招聘规划，熟悉关键人才界定方法，搭建人才梯队，助力组织业务发展，掌握提升团队绩效的激励方式以及低绩效员工的优化措施，打造非职权影响力，有效推动业务进程，等等。

本书适合企业人力资源管理者、HRBP或者有志于成为HRBP的人力资源从业者阅读。

◆ 著　　　　王　海
　　责任编辑　刘　盈
　　责任印制　彭志环
◆ 人民邮电出版社出版发行　　北京市丰台区成寿寺路 11 号
　　邮编 100164　　电子邮件 315@ptpress.com.cn
　　网址 https://www.ptpress.com.cn
　　北京虎彩文化传播有限公司印刷
◆ 开本：880×1230　1/32
　　印张：6.5　　　　　　　　　　2020 年 7 月第 1 版
　　字数：220 千字　　　　　　　 2025 年 3 月北京第 23 次印刷

定　价：59.00 元

读者服务热线：（010）81055656　印装质量热线：（010）81055316
反盗版热线：（010）81055315

前　言

　　大数据、互联网时代的到来，既改变了传统的商业模式，也改变了人才需求的模式。现在的 HR 已不再局限于运用六大模块开展工作了，他们更多的是把人力资源管理工作与组织的经营业务相结合，为组织的利益相关者创造价值。这就意味着人力资源管理工作将更具挑战性与趣味性。

　　1995 年，我误打误撞地从事了人力资源管理工作，从欧莱雅、诺华到渣打银行、埃森哲，不仅经历了这些不同文化背景的公司，还辗转了北京、上海、广东三个工作地点，但我始终没有改变对人力资源工作的热爱与坚持。担任 HRBP 的从业经历让我的能力得到了快速提升，因为 HRBP 要面对的工作场景与人际关系的复杂程度等同于一个修炼人生的过程。也许正是因为这样的复杂性，我才有机会获得了非同一般的成就感。后来，我离开企业成为专职讲师和 HR 咨询顾问，这两个角色让我有了更多的机会、站在不同的角度去观察和研究 HR 的成长路径以及企业人力资源管理职能的发展轨迹，也让我看到了很多 HRBP 的成长和蜕变。

近些年世界发生了很大变化，人力资源领域同样如此，HRBP 的概念也在不断演变。用管理大师尤里奇先生的话说，HR 不是为了人力资源的本职工作而存在的，HR 是为了帮助业务发展而存在的，他们需要从人才、领导力和企业文化这三个角度为业务部门创造价值。因此，HRBP 任重道远，作为一名 HR 老兵，希望能在这条路上陪伴大家一同前行。

从我第一次听到 HRBP 这个词到现在已经有 20 多年了，现在仍然有很多学员和 HR 同行问我这三个问题：HRBP 是干什么的？它与其他 HR 岗位的区别是什么？怎样才能成为合格的 HRBP？我认为，这些问题并没有标准答案，因为随着时代的进步，HRBP 的角色越来越多样化，作用越来越重要，工作的场景也越来越丰富。所以要回答好这三个问题，我们需要通过场景、经验与案例来讲述，让大家产生更直接的代入感，从而让知识与经验的学习更加落地。因此，本书对 HRBP 的七个常见工作场景进行了分析、归纳与总结，力求让读者更容易理解与掌握知识要点。

本书是一本结构化操作指南，可以指导 HRBP 解决工作中最常见、最有挑战性的问题，方便大家在日常工作中"拿来即用"，这对于 HRBP 建立结构化、系统化的思维很有帮助，也有助于 HRBP 抓住事件的关键点，快速、高效地解决问题。全书涵盖了制定招聘规划、建设人才梯队、激励员工、提升团队绩效、建立非职权影响力、辞退低绩效员工和企业文化推广等七个常见的工作场景，在针对每个工作场景的论述中都包括案例分析、实用图表和解决方案等模块，旨在教会 HRBP 从制定策略到落地实施，系统地解决组织业务与员工发展的问题。

如今，组织对 HRBP 的硬性要求是掌握人力资源管理知识、懂业务，并能把它转化成 HR 语言。假如组织的业务目标是实现一千万元的销售额，HRBP 就要能够理解销售目标的达成方式，所有工作都要围绕这个指标展开。因此，HRBP 的角色定位是连接公司和员工的桥梁。

HRBP 不能只在人力资源管理层面发现问题和解决问题，他们应清楚地知道业务层面的问题会影响人力资源各项工作的成果。因此，HRBP 要努力在自己有限的职权范围内影响业务，引导管理者思考关键问题。

未来，HRBP 的定位将是组织发展的顾问，能够根据组织的不同业务战略和不同业态选择不同的组织架构，提升组织的能力，把业务战略转化为人力资源战略。希望这本书能给 HR 点亮一盏灯，照亮他们通往 HRBP 的职业道路，实现个人与组织的双赢。

王海

2020 年 3 月

目 录

第一章　**HRBP 概述** ·· 001

第一节　HRBP 的定义 ·· 003

一、HRBP 的概念 ·· 003

二、HRBP 的工作内容 ··· 004

第二节　HRBP 的角色 ·· 007

第三节　HRBP 的行为表现 ····································· 010

第二章　**将业务战略分解成 HR 的落地工作** ················ 015

第一节　HR 的价值 ·· 017

一、HR 的角色转换 ··· 018

二、HR 的新定位 ··· 026

第二节　把 HR 数据与业务结果链接起来 ··················· 030

一、战略性 HR 规划的主要流程 ····························· 030

二、了解业务、读懂老板 ····································· 032

三、学习业务知识，培养业务感觉 ·························· 033

四、业务战略的 HR 落地规划 ······························· 035

第三章　做好招聘规划和人才甄选 ……………………… 041

第一节　画好招聘规划图 …………………………… 043

一、人力资源规划 ………………………………… 043

二、招聘需求 ……………………………………… 045

三、招聘渠道 ……………………………………… 049

四、招聘流程 ……………………………………… 049

五、甄选方法 ……………………………………… 049

六、录用跟踪 ……………………………………… 049

第二节　招聘计划与招聘方案 …………………… 050

一、招聘计划的重要性 …………………………… 050

二、如何制订年度招聘计划 ……………………… 051

三、招聘替代方案 ………………………………… 052

四、华为与阿里巴巴的选人之道 ………………… 052

第三节　测评甄选方法 …………………………… 056

一、面试 …………………………………………… 056

二、行为面试 ……………………………………… 060

三、心理测试 ……………………………………… 065

四、评价中心 ……………………………………… 082

第四章　有技巧地辞退低绩效员工 ………………… 085

第一节　辞退员工的难点 …………………………… 087

第二节　辞退低绩效员工的流程 …………………… 090

一、收集辞退低绩效员工的依据 ………………… 090

二、选择辞退方案 ………………………………… 091

三、计算经济补偿金 ································ 091

四、沟通前的准备工作 ······························ 093

五、沟通过程 ···································· 095

六、做好风险管理 ································· 096

第三节 辞退工作中 HR 应有的信念 ······················ 096

一、辞退员工是 HR 的工作，坚决不逃避 ············· 096

二、辞退面谈时要尊重客观事实，做到对事不对人 ········ 097

三、站在企业的立场上谈判，同时尊重员工的身心感受 ···· 097

四、学会换位思考，合法、合理辞退员工，要有同理心 ····· 098

五、树立企业文化，创建和谐的谈判空间 ·············· 098

第五章 发展关键人才和建设人才梯队 ···················· 099

第一节 何谓人才管理 ·································· 101

一、人才管理简述 ································· 101

二、人才管理的意义 ······························ 102

三、人才管理的目标 ······························ 102

四、人才管理的参与者及其职责 ···················· 105

五、人才管理两大要素——职位、人员 ·············· 106

第二节 关键职位 ···································· 107

一、关键职位的定义 ······························ 107

二、关键职位的判断标准 ·························· 107

三、关键职位确定和等级评定标准 ·················· 108

第三节 发展小组 ···································· 110

一、发展小组的定义 ······························ 110

二、发展小组的作用 ･･････････････････････････････ 113

第四节 区分绩效和潜力，发现高潜人才 ･････････ 115

一、何谓潜力 ････････････････････････････････････ 115

二、绩效和潜力矩阵 ･･････････････････････････････ 117

三、能力分类模型 ････････････････････････････････ 119

第五节 建设人才梯队 ･･･････････････････････････ 120

第六章 激励员工，提升团队绩效 ･･････････････ 125

第一节 激励的理念和原则 ･･･････････････････････ 128

一、活动欲 ･･････････････････････････････････････ 128

二、归属欲 ･･････････････････････････････････････ 128

三、权力欲 ･･････････････････････････････････････ 129

四、亲近欲 ･･････････････････････････････････････ 129

五、能力欲 ･･････････････････････････････････････ 129

六、成就欲 ･･････････････････････････････････････ 130

七、认可欲 ･･････････････････････････････････････ 130

八、信仰 ･･ 130

第二节 激励的方法 ･･･････････････････････････････ 131

一、榜样的激励 ･････････････････････････････････ 131

二、目标的激励 ･････････････････････････････････ 132

三、授权的激励 ･････････････････････････････････ 135

四、沟通的激励 ･････････････････････････････････ 137

五、宽容的激励 ･････････････････････････････････ 139

六、赞美的激励 ･････････････････････････････････ 142

七、情感的激励 ···································· 143

八、竞争的激励 ···································· 145

九、惩戒的激励 ···································· 146

十、薪酬的激励 ···································· 147

十一、其他方法 ···································· 149

第三节 激励员工时应避免的错误 ················ 150

一、目标不明确 ···································· 150

二、多余的规则 ···································· 150

三、欺骗与虚伪 ···································· 151

四、朝令夕改 ······································ 151

第四节 激励的注意事项 ···························· 151

一、激励应是不断提升目标、不断被满足的过程 ········ 151

二、做园丁而非木匠,要培养员工成长而不是用外力修正 ··· 152

第七章 建立非职权影响力 ······················ 153

第一节 非职权影响力的来源 ······················ 155

第二节 运用非职权影响力的关键步骤 ············ 156

一、知己知彼 ······································ 156

二、养兵千日 ······································ 168

三、用在今朝 ······································ 171

第三节 赢得业务部门的信任、建立影响力 ········ 172

一、做"值得信赖的活动家" ······················ 172

二、做有公信力的 HRBP ··························· 172

第四节 HRBP 成为有影响力的业务伙伴的方法 ·········· 173

一、脑法 ·· 174

二、心法 ·· 174

三、手法 ·· 174

第八章　推广企业文化 ··· 177

第一节　帮助 HRBP 解读组织文化的十个关键词 ············ 179

一、行为规范 ··· 179

二、群体规范 ··· 179

三、价值观 ··· 180

四、正式哲学 ··· 180

五、游戏规则 ··· 180

六、气氛 ·· 181

七、思维习惯、心智模式和语言范式 ································· 181

八、共享意义 ··· 181

九、"深层隐喻"或综合象征 ·· 182

十、正式仪式和庆典 ··· 182

第二节　企业文化落地 ··· 183

一、文化落地的目标 ··· 183

二、文化落地的方案 ··· 183

三、文化落地工作规划 ·· 189

第三节　阿里巴巴、百度和腾讯打造企业文化的案例 ········ 191

第一章
HRBP 概述

HR

HRBP

第一节　HRBP 的定义

一、HRBP 的概念

人力资源业务伙伴（HRBP）这个职位源自于管理大师尤里奇提出的 HR 三支柱模型，他认为，人力资源管理者不仅要重视人力资源管理方面的一些议题，而且要懂得如何利用人力资源管理工具创造价值。尤里奇把人力资源部细分成了人力资源共享服务中心（HRSSC）、人力资源业务伙伴（HRBP）和专家中心（HRCOE）。基于人力资源转型的需要，人力资源部要像业务部门一样，有自己的目标客户群体，对工作进行更加精细化的分工与运作，为业务部门提供更加优质、专业的服务，帮助公司实现总体目标。

HRBP，顾名思义，它是由 HR 和 BP 组成的，HR 是指人力资源，BP 是指业务伙伴，是业务（Business）和伙伴（Partner）的首字母缩写。由此可见，HRBP 是"人力资源＋业务＋伙伴"的综合体。

二、HRBP 的工作内容

作为人力资源业务伙伴，HRBP 需要完成的工作非常多，从人员规划、人员配置、招聘和人才发展，到员工关系、企业文化建设、员工激励等。HRBP 的工作具体可分为以下三种类型。

1. 事务性工作，也叫动手型、任务型工作。它不仅包括人力资源六大模块的内容，这样的 HRBP 还要完成业务部门的大量工作，每天像销售人员接订单一样，一旦接到任务就要马上行动，从刷简历到做 PPT，从数据维护到组织员工活动，从早到晚忙个不停。

2. 策略性工作，也叫动脑型、动嘴型工作。虽然 HRBP 需要完成的还是那些"选、育、用、留"的工作，但是需要 HRBP 从单纯的"如何正确地做事"调整为"做正确的事"，改变自身的工作方式和内容。

3. 战略性工作，也叫走心型、前瞻型工作。HRBP 要站在管理者的角度，颇具前瞻性地看到公司未来的发展趋势，而不是只盯着下一个季度的业务完成情况。

联想公司的资深 HRBP 的工作内容有如下七项。

1. 招聘。由于大部分名企的招聘工作由专门的团队负责，因此该工作已不是 HRBP 的核心职能了。

2. 明确培训需求和参加培训的人选。

3. 开展绩效管理。

4. 组织实施团队建设。

5. 制订晋升和加薪计划。

6. 进行人才盘点，制订继任者计划。

7. 参与公司 HRCOE 的项目。

接下来，我们看一下阿里巴巴公司的 HRBP（即政委）都在做什么。

1. 阿里巴巴公司政委主要解决哪些问题

阿里巴巴公司政委的主要工作内容如表 1-1 所示。

表 1-1　阿里巴巴公司政委的主要工作内容

模块	重点	责任与权利
懂业务	业务场景	（1）组织会议（团队协同问题） （2）了解业务发展阶段和组织痛点（组织诊断工具 6 个盒子）、组织架构、人才梯队、团队协同等 （3）会议过程中观察人，以及人的状态、投入程度和困惑
促人才	人才盘点	掌握盘点工具，围绕业务目标盘点人才，明确需要招聘哪些人才，需要培训哪些人才，需要请哪些人离开；人才梯队如何搭建（即板凳高度）
	人才面试	一票否决，与部门共同决定人才层级和薪资（拥有一定的权限）

（续表）

模块	重点	责任与权利
促人才	管理技能	搭场子，梳理核心能力
	员工成长	开展数据分析，为员工提供培训机会
	员工晋升	开展甄选评估，现场有投票权
推文化	参与战役	和业务部门通过一场活动提士气（如"双 11"）
	团队文化	奖励，让员工产生归属感（包括先进员工评选、周年庆、年会、阿里日等各种节日） 惩罚，让员工产生敬畏心（包括违纪员工处罚、廉政建设等）
	员工关怀	团建费的规划
提效能	绩效管理	推动绩效工作流程
	薪酬福利	参与调薪、年终奖与股权分配工作

2. 全年中阿里巴巴公司政委的重要工作节点

1—2 月：明确新一年的战略目标；

3 月：根据业务规划，调整组织架构，开展业务；

4 月：开展上年度考核，明确绩效，激励员工；

5—6 月：进行人才盘点，实现人才晋升；

7—12 月：复盘，完成"双 11""双 12"这两个重点项目。

3. 阿里巴巴公司政委如何做到贴近业务

（1）参与业务会议是硬性要求

阿里巴巴 HR 对业务的理解是以企业文化为基础的。阿里巴巴要求 HR 必须参与到全部业务会议中。

（2）大量的员工访谈

除了必须参加的业务会议以外，HR 还要与员工进行大量访谈，了解员工在工作中遇到了哪些困难和挑战，需要怎样的支持和帮助，同时要了解他们在个人生活中遇到的问题，HR 要对员工的状态做到心里有数。在阿里巴巴公司，HR 有 50%~60% 的时间在和员工进行谈话。

HR 和员工谈理想、聊抱负，谈家庭、讲业务，和员工一起拜访客户，了解员工在工作中遇到的问题和客户的反应，了解员工的家庭动态、业务动态、团队成员间的状态，必要时向员工提供解决方案或支持。

阿里巴巴公司对政委有一个四段论的要求，分别是懂你、懂我、你懂我懂你、我懂你懂我懂你。

这四段论的意思是：政委和员工之间可以达到背靠背的信任程度，员工可以信任政委在任何时候做出的任何决定。

第二节　HRBP 的角色

在不同类型、不同规模的公司中，HRBP 的角色定位不同。HRBP 主要扮演三种角色，第一种是战略型 HRBP，他扮演的是组织设计者的角色，如阿里巴巴公司的政委；第二种是操作型 HRBP，他直接负责或参与人员招聘、培训发展、薪酬设计等工作；第三种是基础型 HRBP，他收集业务部门对人力资源部的所有需求，再把需求传递给专家中心或共享中心，等 COE 或 SSC 制定了解决方案后，HRBP 再把解决方案传递给人力资源部，他扮演的是联络员的角色，是企业人力资源管理工作的枢纽。

📇 案例

华为公司给 HRBP 定义了如下角色、职责：

1. 业务战略伙伴；

2. HR 解决方案的集成者；

3. HR 的运作者；

4. 员工关系管理者；

5. 变革的推动者；

6. 核心价值观传承的驱动者。

这六种角色既可以是某一个 HRBP 的定位，也可以是 HRBP 团队的整体职责体现。

例如，某一个 HRBP 的工作能力很强、经验很丰富，可以同时做好六个方面的工作，能够直接为业务部门服务；如果某个 HRBP 的工作能力稍微弱一些、工作经验稍微少一些，他可以依赖于整个团队，通过团队的力量为业务部门服务。

🗐 案例

在阿里巴巴公司内部，HRBP 被叫作政委，这个词形象地说明了 HRBP 在阿里巴巴公司的地位。阿里巴巴公司把 HRBP 细分为以下四大角色：

1. 关于"人"的问题的合作伙伴；

2. 人力资源开发者；

3. 连接公司与员工的桥梁；

4. 公司文化的倡导者、贯彻者和诠释者。

阿里巴巴公司超过半数的政委都是由具有丰富一线实战经验、懂得业务运作的人担任的。按照马云的说法，他们是各个部门的 2 号人物，在文化建设与组织运营方面具有很大的话语权和决策权。准确地说，各个部门的个性化运营方式是由部门的管理者与政委一起决定的。

第三节　HRBP 的行为表现

HRBP 在工作中的具体行为表现在以下六个方面。

1. 连接业务

- 参与直线管理并将员工视为客户；

- 掌握员工的业务语言；

- 具备强烈的业务意识，并能理解业务需求；

- 建立并保持组织内部和外部联系；

- 开展跨职能工作；

- 识别和管理关键利益相关者。

2. 诊断分析

- 在人力资源管理工作和业务战略之间建立有效的联系；

- 体现出对业务问题的认知及其对 HRBP 角色的影响；

- 确定业务问题对人员和组织的影响；

- 具备强大的诊断和分析技能；

- 建立"用户思维"；

- 确定外部行为的变化趋势，并将其纳入企业战略。

3. 主动干预

■ 影响并形成变革议程；

■ 识别关键业务问题，并预测解决这些问题所需的人员管理干预措施；

■ 制定结构化的建议和实施策略；

■ 针对影响业务战略的成本提出建议；

■ 确定影响推进组织变革的障碍，制定克服这些障碍的策略；

■ 帮助每位员工前进，并从工作经历中学习经验。

4. 形成共识

■ 确定业务变革产生的价值；

■ 与客户确定项目范围、可交付成果、时间表，并签订资源合同；

■ 确保服务标准达成一致；

■ 确定交付项目需要的人员和资源。

5. 交付结果

■ 商定交付的结果；

■ 理解并应用项目管理方法；

■ 指导其他人掌握业务变更工具和技术；

- 与业务部门保持适当的沟通；

- 识别风险并将其上报给利益相关者，确保他们能够提供支持；

- 注重实现效益。

6. 效果评估

- 使用绩效评估基准进行持续改进；

- 使用适当的财务和非财务分析方法，量化服务 / 输出的业务价值；

- 监督执行相关计划，确定协同效应；

- 确保组织从成功和失败中学习经验与教训。

HRBP 在完成以上工作的同时，还要处理好与"三支柱"中另外两个"支柱"的关系。

例如，华为公司为 150~200 名员工配置一个 HRBP，要求 HRBP 和业务部门一起办公，通过这种方式，HRBP 就能理解业务，识别出业务部门的痛点，有效解决业务部门的问题。要做到这一点，HRBP 需要得到 HRCOE 和 HRSSC 的大力支持。

HRSSC 是指人力资源共享服务中心，他们负责完成人力资源管理中人事行政类的工作，如合同的签署、五险一金的缴纳、考勤的记录等，让 HRCOE 和 HRBP 能够聚焦专业性的工作。

HRCOE，也就是人力资源专家中心，它的两个关键定位如下：

第一，HRCOE 是公司人力资源管理制度、流程的制定者和维护者；

第二，HRCOE 是公司人力资源管理制度、流程的推动者。

HRBP 的定位也包括如下两个。

第一，HRBP 能够理解业务、识别痛点，针对业务部门的痛点提供人力资源解决方案；

第二，HRBP 是公司人力资源管理制度、流程的支持者。

HRBP 要具备 HRCOE 的关键领域的知识和技能，特别是掌握领导力培养、绩效管理、人才管理等技巧。

HRBP 要站在 HRCOE 的肩膀上，掌握 HRCOE 的关键技能，并把它们整合成解决方案，帮助业务部门解决问题。

第二章

将业务战略分解成
HR 的落地工作

HR

HRBP

第一节　HR 的价值

HR 主要在以下几个方面体现自身价值。

第一，并非所有的业务部门管理者都掌握了管人的方法和技巧，一旦 HR 教会了业务部门的管理者，帮助他们掌握了这些技能后，也许企业就不再需要 HR 这个岗位了。即便这样，HR 也要与管理者多多沟通管人的技能，以利于组织的持续发展。这既是 HR "自挖坟墓" 的精神，也是自我升华的过程。

第二，组织战略的实现主要靠执行，执行的基础是组织的运营体系和人力资源体系，很多公司不缺人才、不缺制度，也不缺各种硬件，但是依然没有创造出价值，归根结底还是人员管理的问题。会管人、能管好人就是 HR 很重要的价值之一。

第三，现在很多企业，尤其是创业型企业每天都在面临变革和转型，在管理体系和流程没有建立健全之前，或者管理体系和流程还在不断改动时，人的自主管理能力或管理人员的能力就显得特别重要，此时组织最需要的就是 HR。快捷启动组织转型，体现出的就是 HR 的 "快" 价值。

第四，HR 的最大价值就是通过提升组织的人均效益支持企业做大做强。人均价值的最大体现就是用最少的人实现最大的产出。

第五，HR 通过关注效率和效果实现组织绩效目标的达成。在这个过程中，HR 要重点提升核心员工和基层管理者的能力，进而实现组织的整体绩效目标。

一、HR 的角色转换

1. 人力资源管理的四个角色及定义

管理大师尤里奇把人力资源管理者分成了四个角色，从战略合作伙伴、HR 效率专家、员工支持者到变革推动者（如表 2-1 所示）。

表 2-1　人力资源管理的四个角色及定义

领域	成果/产出	角色	活动
战略性人力资源管理	对战略的执行	战略合作伙伴	使人力资源策略与业务战略保持一致；组织诊断
基础事务流程管理	建立高效的基础事务流程	HR 效率专家	组织流程再造；共享服务
员工贡献管理	提高员工的能力	员工支持者	倾听员工声音并向其提供反馈；为员工提供资源
转型与变革管理	创造一个崭新的组织	变革推动者	管理转型与变革；确保变革的能力

（1）战略合作伙伴。这个角色的职责是使人力资源管理策略与组织的业务战略保持一致，能够进行组织诊断。

（2）HR 效率专家。主要负责处理一些基础性的管理事务，包括组织流程的再造和共享服务，如 HRSSC 等。

（3）员工支持者。HR 扮演的是一个沟通者的角色，主要负责倾听员工的声音并向其提供反馈，同时自上而下地为员工提供一些资源。

（4）变革推动者。HR 是组织管理转型和变革的重要力量。公司的很多变化都是由管理者与 HR 共同推动的，有的时候甚至需要 HR 主导推动这样的变化。

2. 重新定义 HR 角色

企业管理者可以从如图 2-1 所示的几大视角看待 HR 的角色转变。

从运营性角色变成战略性角色，HR 必须同时满足运营性和战略性的角色要求。在实际工作中，HR 既是政策的监控者，又是业务伙伴。为了得到业务部门的理解和支持，HR 在开展工作时，一定要避免"炫耀专有名词"，要确保业务部门能够听得懂自己在说什么，知道 HR 到底要做什么。无论在长期还是短期的范围内，HR 必须同时为质量和数量目标负责。

除了聚焦内部客户——员工以外，HR 还要聚焦外部客户。

重新定义 HR 角色

企业可从以下视角看待 HR 的角色转变

- 从运营性到战略性
- 从监督控制到业务伙伴
- 从短期到长期
- 从事务型到顾问型
- 从职能导向到业务导向
- 从聚焦内部到聚焦外部及客户
- 从被动到主动
- 从聚焦活动到聚焦解决方案

> 戴维·尤里奇
>
> 如今这些"从……到……"的转变都被认为过于简单化了；
>
> 人力资源从业者承担的是多重而非单一的任务角色；
>
> 人力资源从业者必须同时满足运营性及战略性的角色要求；
>
> 他们既是政策的监控者，也是业务伙伴；
>
> 无论在长期还是短期的时间范围内，他们都必须为质量和数量负责。

图 2-1 HR 的角色转变

HR 应该是一个管家，一个主动变革的人，甚至是一个"爱找茬儿"的角色。例如，阿里巴巴公司在开会的时候，如果某个决定得到一致通过，HR 就会提出否定意见，因为他觉得一致通过是有问题的。他可能会要求大家重新投票或重新表达自己的意见，直到听到不同的声音，重新开始讨论，只有确保所有人的意见都被听取且被研究过以后才能形成决议。

📠 **案例**

CEO 的邮件：一石掀起千层浪

2020 年年初，新冠肺炎突然爆发，许多企业都面临着巨大的挑战。云南某行业的一家龙头企业的人力资源总监（HRD）冯某给公司提交了一份《关于疫情下人工成本控制的报告》，文中提到："采用共享员工的做法"，报告中还提供了疫情期间员工情绪波动雷达图等。

这份人力资源部花费了很多心血制作的报告，却没有得到 CEO 的赞赏。CEO 在匆匆浏览后，写了一封邮件给冯总监，邮件中写道："你知道吗？公司就剩下最后一口气了！""我试图在字里行间找到一个 HRD 在公司危难之际提出的建设性意见！然而，我还是失望了！""我需要的不是数字游戏！更不需要你那些花花绿绿的图表！我需要你从人力资源管理的角度告诉我，企业怎么可以活下去？"最后 CEO 更是发出了灵魂拷问："我想请你作深度思考，难道 HRD 就是你的职业生涯尽头吗？"

3. 应对挑战：倒逼 HR 重塑角色

面对挑战，HRD 们该如何应对呢？笔者访谈了几家企业的 HRD，其中一家公司是全球乳制品行业的领头企业，这家企业的 HRD 跟我分享了她的想法。

"首先，公司管理团队要充分调动领导力，共同面对挑战；其次，面对复杂情况时要冷静，在信息收集和直觉判断之间保持平衡，以便做出正确和及时的决定；再次，要运用好咨询合作伙伴，借助众人的智慧和资源，帮助企业做出决断。"这位 HRD 带领同事积极参与到公司的各项应急工作中，为员工居家办公和逐步复工做好一切准备。

另一位制造企业的 HRD 也表示："人力资源部既要了解政策法规，又要参与制定人员招聘、物资准备和使用、工作安排等决策，并做好落实工作。"

我们发现，优秀的人力资源管理者在面临危机时，能够较好地平衡各方利益共享者的诉求，并努力做好上述四个角色的工作，更好地帮助企业克服困难，投入到抗击疫情、恢复生产的战斗中。这次危机给了 HR 一个机会，重新审视自身在企业中的作用，并将重塑 HR 角色放到议事日程上来。那么，如何更好地提升甚至重塑 HR 的角色呢？

首先，要对 HR 角色形成更清晰的认识。近几年，业界一直在倡导 HR 要成为业务部门的合作伙伴。这次疫情让我们看到，在决定企业生死存亡的关头，人力资源管理工作需要和企业紧密结合。同时也要认识到，业务部门的合作伙伴并不是指战略合作伙伴这一个角色。如前所述，效率专家、员工支持者和变革推动者这三个角色都很重要，四者共同促使 HR 成为业务部门的合作伙伴。

战略合作伙伴可以使人力资源管理系统和企业的业务战略保持一致，并根据企业发展的要求，设定人力资源管理工作的优先顺序；效率专家通过设计高效的人力资源管理体系，帮助企业降低成本，开源节流；员工支持者通过开展员工专业能力培训，提升员工对企业的贡献；变革推动者则通过转型和使企业适应不断变化的业务环境来帮助企业在市场竞争中取胜。

有调查结果显示，目前大多数企业的 HR 在"效率专家"这一角色上得分较高，在"员工支持者"的角色上得分较低。HR 需要对自身工作做出调整和改进。

企业的人力资源管理工作并不只是由人力资源部负责的，组织中的高层管理者、直线经理都肩负着人力资源管理工作的职责。"人力资源管理是一把手工程""每一位直线经理都是人力资源经理"这两句话概括了人力资源管理工作的特点。有时，组织还会借用外部力量实施人力资源管理工作。

人力资源管理者们要更具全局性地看待人力资源工作，并团结多方力量促使 HR 朝着业务伙伴的方向迈进。

其次，HR 要重塑自身角色，需要有以下几个转变。

第一是认知转变，HR 要跳出人力资源管理的基本职能框架，从组织战略角度、业务角度、客户角度思考 HR 可以为组织做出什么样的贡献，达到什么样的结果，产生什么样的价值。例如，前文提到的云南某公司 CEO 指责 HRD 的邮件中批评其提出的共享员工的提议，认为公司已经是行业老大，能和谁去共享员工呢？事实上，我们看到有些行业如文旅行业受到疫情影响全面停摆，而另一些行业如外卖、网购等正好急需人手，跨界共享员工已成为可能。如果 HRD 可以清晰地表达跨界共享员工的必要性，促使 CEO 进行发散性思考，也许会取得不同的效果。

另外，虽然控制成本很重要，但 HR 也许更应该想到如何进行业务调整，通过开源的方法帮助企业。一些企业提倡"全员销售"或将线下销售转为线上销售，这就是"开源"的做法。在组织采取这一做法之前，HR 要对现有人员进行盘点，判断组织目前的员工是否具备足够的能力来满足变化的要求。

第二是情感转变。市场竞争中各种始料不及的变化要求 HR 具有更加开放的心态，积极拥抱多种可能，采用新的方式，与不确定性为伴，这样的情形也要求 HR 更加自信积极、冷静沉着。作为组织中的员工支持者，HR 要给员工更多的信心和希望，提升员工乃至组织的复原力。

第三是能力转变。多重角色对 HR 的胜任能力提出了更高的要求。除了专业能力外，HR 要提升业务能力、服务意识、变革能力、解决问题的能力、危机应对能力、网络构建能力和循证能力等。HR 曾被广受诟病的一个问题是，人力资源部不了解业务，听不到或不愿意听到前线的炮火声，如果 HR 要在企业中发挥更大的作用，就必须了解组织业务，从业务和客户的角度思考问题。特别建议 HR 要培养循证能力，通过在组织中进行一些试验，积累证据，为试图采用的新方法、推进的新变革提供有效依据，以便推动变革。

第四是行为转变。HR 要准备好和包括 CEO 在内的不同利益共享者之间的对话，通过倾听、交流、反馈达成共识；努力寻找多赢方案，如通过集体减薪、工作分享等方法应对成本危机；加强团队合作，发挥团队的作用，通过 HR 管理委员会等形式让更多的人参与到 HR 的工作中；在制定方案时，多考虑方案的建设性、价值和结果，以前述共享员工为例，HR 在制定方案时可以想到和谁共享、可能存在的利弊、备选方案；和外部连接，HR 可借助行业协会、合作伙伴、咨询团队的力量推动人力资源管理工作，必要时几方也可以抱团取暖。

二、HR 的新定位

1. 对 HR 的典型误解和 HR 的新定位

一直以来，大众对 HR 存在着很多误解，比较典型的误解有如下八个。

第一，HR 是公司的好好先生，不仅不能得罪人，还应该面面俱到。其实不然，HR 要想做好工作就免不了与同事发生争执，HR 既要善于支持他人，也要勇于面对挑战。当然，HR 不能只是得罪人，还要主动提出建议和决策。

第二，任何人都可以从事人力资源管理工作。人力资源管理工作是以理论和实践为基础的，因此 HR 必须既通晓理论又精于实践。

第三，因为喜欢与人相处，所以一些从业者选择从事人力资源管理工作。HR 的职责是提升员工的能力，让员工更有竞争力，而不只是为员工提供舒适满意、轻松交流的环境。

第四，因为工作涉及企业的软性能力，所以 HR 的工作无法量化。HR 对企业经营成果的贡献可以并且必须量化，HR 必须学会如何将工作转化成经营成果。

第五，HR 的工作重心是成本控制。HR 必须通过提升公司的人力资本来创造价值，人力资源管理工作的重心是提升价值，而不是降低成本。

第六，HR 的工作就是执行公司政策和让员工快乐。HR 并不是自己执行公司政策，而是帮助直线经理执行公司的政策；HR 的工作并不是为了让员工快乐，而是要帮助他们更加敬业。

第七，HR 只是实施一些流行的事物。人力资源管理工作是企业管理发展演进的产物，HR 必须将自己的工作视为组织管理发展的一部分。在解释工作时，HR 应该少说晦涩难懂的术语，多采用些权威性的结论。

第八，HR 的工作只是人力资源部的工作。与财务、战略等其他管理职能一样，人力资源管理工作对管理者同等重要，HR 应该与直线经理一起开展人力资源管理工作。

在这里必须澄清一点，HR 的工作是所有管理者的工作，HR 与业务部门或者 HRBP 与业务部门之间的关系，就是伙伴的关系。所谓伙伴关系就是 HR 要懂业务，业务部门要懂人力资源管理工作。以 HR 的新角色——战略定位者为例，HR 除了需要完成那些事务性的工作之外，还要能够预测组织外部的商业环境和趋势，了解企业的经营战略和竞争优势的来源，熟练运用业务语言。一个优秀的 HRBP 要做到既能沟通战略，又能谈论业务，还能介绍人力资源专业知识。

那么，HR 的新定位应该是怎样的呢？

第一，HR 应该是企业管理者的助手，有重要任务的时候他能第一时间想到你；第二，HR 是战略传导的枢纽，公司的很多战略决定都要通过 HR 来传达；第三，HR 是变革的驱动者和参与者，公司的很多变革和决定是由 HR 来发布的；第四，人力资源部是一个实施管理和提供服务的专业机构，为了做到这一点，HR 要先做好基础性服务、修炼专业技能；第五，人力资源部要成为一个创新中心，不断创造好的产品和解决方案，为业务部门服务；第六，HR 要成为业务伙伴的内部专家；第七，HR 要成为帮助业务部门实现销售目标的直接力量，业务部门要实现部门的 KPI 离不开 HR 的大力支持。

2. HR 对公司和业务的基本了解

HR 对公司和业务的了解主要集中在以下五个方面。

第一，公司的战略是什么？

第二，影响公司实现战略的现实问题是什么？

第三，公司的业务目标是什么？业务目标的实现途径有哪些？ HR 的贡献在哪里？

第四，变革方向在哪里？

第五，老板的痛点是什么？也就是说，业务部门的切肤之痛是什么？任何业务部门的主管都有他"最痛"的那个点，这个点通常特别需要别人的安抚和保护。如果 HR 能够在这个点上做出努力的话，对于 HR 切入业务工作或争取业务部门的信任是非常有帮助的。

　　HRBP 一定要认真思考上述几个问题，千万不能流于形式，因为这些问题的答案是 HRBP 与业务部门开展深度合作时最需要了解的一些信息。HRBP 可以经常开展一些自测，审视自己对企业经营战略的了解程度，因为这些战略是把业务战略转化成 HRBP 实际工作的一个重要源头。不了解企业经营战略，HRBP 在开展工作时就会失去方向甚至走错方向。

　　了解清楚这些终极问题后，HRBP 要以终为始，知道自己努力的方向在哪里，反问自己以下几个关于业务的基本问题。

　　第一，业务的不变工作有哪些？基本流程和职能定位是什么？

　　第二，业务的不变工作的效率如何？ HR 的切入点在哪里？

　　第三，业务的可变目标是什么？这里指的可变目标就是有可能随时发生变化的目标。

　　第四，实现可变目标的途径是什么？障碍是什么？ HR 的切入点又在哪里？这些变化可能是增加一个新的业务，可能是砍掉一个老的业务，也可能是某些市场反响比较好的业务需要转换经营思路等。

　　第五，业务部门主管的切肤之痛是什么？

第二节　把 HR 数据与业务结果链接起来

一、战略性 HR 规划的主要流程

HRBP 的工作规划就是把公司的业务战略变成 HR 的计划。

在图 2-2 中，战略性 HR 规划主要分三个阶段，第一个阶段是战略分析及解读，第二个阶段是人力数据分析，第三个阶段是人力资源方案设计。

在战略分析及解读这一阶段，主要解读三点，分别是影响人力资源的商业战略驱动因素，现在的人力资源架构即 HR 是怎样支持业务部门的，以及未来需要的关键岗位和能力。也就是说，公司将来还需要哪些关键岗位和能力。

通过这三个层面的分析和解读，HRBP 就会看到组织现在的人才供应和未来的人才需求之间的差距。这时就到了第二个阶段，即人力数据分析阶段。HRBP 要做一个组织规划，明确未来组织需要多少个总经理、多少个总监、多少个经理、多少个主管、多少个实习生等。例如，某公司要做 2025 年的规划，HRBP 就要看一下，为了实现 2025 年的目标，组织存在哪些差

战略性HR规划主要流程

战略分析及解读	人力数据分析 （供应、需求、差距）	人力资源方案设计 （人力计划）

影响人力资源的商业内素

现在的人力资源架构

未来需要的关键岗位和能力

人才	地点	时间成本

现在及未来供应
（内部和外部）

↓ 差距分析 ↓

现在及未来需求
（每一职能、关键岗位等）

人才	地点	时间/成本

人才	地点	时间/成本

买人才（Buy）
（招聘、外包、伙伴）

培养人才（Build）
（发展、保留）

调配人手（Redeploy）
（辞退、转移）

利弊分析

业务影响
运营效率
资源需求
可行性

人力计划

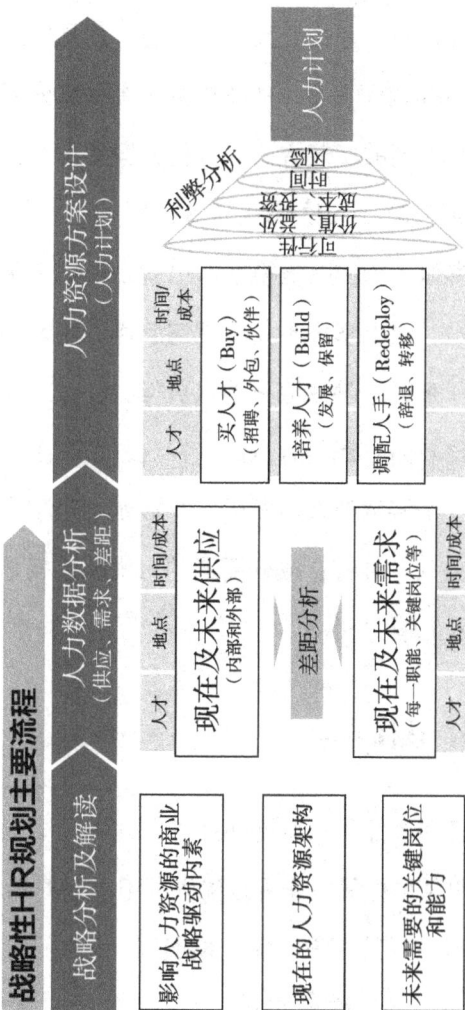

图 2-2　战略性 HR 规划的主要流程

距，是差人、差组织、差系统，还是差哪些要素。

第三阶段是人力资源方案设计阶段。在这个阶段，HRBP 要明确组织是需要招聘人才或开展项目外包，还是应从内部培养人才，在组织内部调配人手。HRBP 要开展利弊分析，选择不同的方案，采取不同的实现方式，分析方案的可行性、成本收益以及风险，最终制订组织的人力资源计划。

这个过程类似于给游泳池换水，也就是说这个游泳池可能现在还没装满水，接下来你不仅要把它装满，还要调整游泳池里水的成分，原来这个游泳池里的水可能含盐量不高，现在要把它变得含盐比较多、还要有点甜。在这种情况下，我们怎样做才能够确保这个游泳池在不断进水和放水的过程中，在规定的时间内能够得到一缸符合成分要求的水呢？这就是人力资源规划或组织发展工作。

二、了解业务、读懂老板

很多企业管理者都和员工提过要"争做第一"。例如，某银行总经理曾提出希望做第一家可以提供借记卡服务的外资银行，其实当时该银行的系统还没有完全发展好，只能通过人工来完成，可想而知员工的工作量非常之大，工作的风险也非常高。这时 HR 要做的事情，就是理解总经理争做第一的目标，并与员工做好沟通。"做第一"并不是为了好名声，最主要的一点是，该外资银行能够在市场上抢占先机，取得非常大的市场竞争优势。由此可见，HR 要充分了解管理者的策略和意图，这样员工才能知道自己工作的意义。

HRBP 可以通过如下三个非常落地的建议读懂老板。第一听他怎么说。HRBP 要听他做报告，然后参与到业务讨论中。第二看他怎么做。通过观察老板的行为，HR 就可以知道他最关心哪个部门，他和哪个客户接触比较多，对哪些产品采取了什么业务策略，或者哪个员工在业务上出现了一些问题。第三是重构老板的需求，HRBP 要和老板进行当面或电话沟通，认真分析老板的需求，把它分解成 HR 的需求、市场部的需求或销售部的需求。

三、学习业务知识，培养业务感觉

当然，并不是做到上述三点，HRBP 就变得非常懂业务了，这需要一个过程。懂业务有三个层次（如图 2-3 所示），第一个层次叫作支持关系，也叫作同频，HRBP 熟悉这个业务，并能提供专业服务。第二个层次叫作共振，HRBP 与业务部门开始形成伙伴关系，也就是说 HRBP 能够参与到业务工作中，双方是并肩作战的伙伴。第三个层次叫作合体，HRBP 能够驱动业务成长，与业务部门互相依赖。在大部分公司中，HRBP 都能够与业务部门做到同频甚至共振，但是要达到合体的层次，既需要 HRBP 具有专业能力和学习能力，也需要业务部门的配合和支持。

懂业务的三个层次

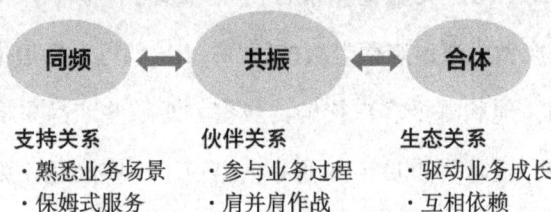

同频	⟷	共振	⟷	合体
支持关系		**伙伴关系**		**生态关系**
·熟悉业务场景		·参与业务过程		·驱动业务成长
·保姆式服务		·肩并肩作战		·互相依赖

图 2-3　HRBP 懂业务的三个层次

HRBP 有三个主要的学习路径。第一种是自己学，渠道包括阅读相关图书，参加培训课、专业会议，订阅公众号等，除此以外，HRBP 可以多浏览一些商业类网站，特别是和自己公司业务相关的网站，了解业务前沿的资讯。第二种是向别人学，公司内部会有很多专家资源，有些公司还推出了导师计划。HRBP还有个更好的学习渠道，就是在面试中学习，通过向应聘者提问题，了解竞争对手的情况，当然，HRBP 在提问时要以遵守商业道德为原则，不能涉及公司的商业机密。第三种就是在工作中学习，如在参加跨部门的项目时学习，HRBP 如果能参加一些短期的轮岗就更好了。

四、业务战略的 HR 落地规划

为了实现业务落地，HRBP 要把人才数据和业务数据联合起来。如图 2-4 所示，以招聘为例，最关键的衡量业务结果的标准是招聘质量、招聘数量、招聘时间和招聘成本。为了量化结果，HRBP 要看新员工的贡献占比，新员工成熟的周期，通过跟踪和收集数据，HRBP 要为新员工制订成长计划。业务部门比较关心的还有建立预警机制，判断新员工的占比是否出现异常数据等。这就是把 HRBP 的人才数据跟业务结果链接起来。也就是说，HRBP 在开展招聘工作的过程中，已经站在 HR 的角度、业务角度、量化数据跟踪和预警机制角度给了业务部门一个很全面的回答。

把 HR 数据和业务结果链接起来

√ 业务最看重的结果
√ 哪些结果和 HR 的贡献有关
√ 有多大关系，如何量化
√ 如何跟踪和收集数据
√ 如何建立预警机制

招聘这点事
HR 角度：招聘数量、招聘质量、招聘时间、招聘成本
业务角度：新员工贡献了多少业绩，新员工成熟的速度，有多少人成长为骨干，招了几个"牛"人
量化：新员工贡献占比、新员工成熟周期
数据跟踪：新员工成长计划
预警：新员工数占比、数据异常

图 2-4　HRBP 把人才数据和业务结果链接起来

上文介绍了很多战略思路或做法，HRBP 还是要实现战略落地，HR 战略确定流程表就是一个实用工具（如表 2-2 所示），如果 HRBP 能够填满这张表，就意味着他基本上能把战略确定下来。表 2-2 中间的格子里有不同方面的一些问题，需要把它具象化，包括 HRBP 的领导力、HRBP 的资源、能力素质、激励机制、员工福利和人力资源流程等各个方面。

虽然表 2-2 不是一张最完美的表格，但它是一张最基础的表格，HRBP 通过填写这张表就能知道自己要完成的工作，也知道自己的工作跟公司的战略目标的联系，因为这张表是根据公司的战略目标分解出来的。表 2-2 只是作为一个工具供读者参考，并不是让读者百分之百去套用。

业务战略的 HR 落地计划包括以下七项主要规划。

第一，岗位职务规划主要解决公司定岗定编定员的问题。就像前文说的，新的一年公司内部哪些岗位需要招人？每个岗位需要招聘多少人？这个岗位需要什么样的人？这就是定岗定编定员的问题。公司要依据其远近期目标、劳动生产率、技术设备工艺要求等确立相应的组织机构、部门编制和岗位职务标准。在具体实施的过程中，HRBP 可以倒推，如今年公司要实现 5 000 万元的销售额，HRBP 就要想，为了实现 5 000 万元的销售额，公司需要多少岗位、需要多少员工、需要什么样的人。

第二，针对公司需要增加的人力资源，HRBP 应制定相应

表 2-2　HR 战略确定流程表

宗旨和战略目标	价值观

本公司人力资源管理目标和宗旨

本公司人力资源管理运营模式

HR 的能力	关键问题	目标	行动	责任	时间
领导力					
资源					
能力素质					
激励机制					
员工福利					
人力资源流程					

重要变革因素	
外部业务环境	
内部人员问题	

当前人力资源状况和挑战

的招聘规划，一般以一个年度为周期，内容包括可以从内部调配的人数；必须通过外部招聘的人数；确定招聘方式；明确招聘来源；如何安排所聘人员。

第三，晋升规划。对企业来说，有规划地提升有能力的人员，以满足岗位对人才的要求，是组织管理的一种重要职能；从员工的角度看，明确的晋升规划会满足员工实现自我价值的需要。组织一般用指标表达晋升规划，如晋升到上一级岗位的平均年限和晋升比例。

第四，制定培训开发规划的目的是为企业中长期所需弥补的职位空缺准备人员。HRBP 应按照公司的业务目标和战略目标及培训能力，分别确定下列人才培训规划，如新进人才培训规划、专业人才培训规划、部门主管培训规划、一般人员培训规划和人才选送进修规划。

第五，调配规划，这项工作指的是做好组织内部人员流动的规划。

第六，工资规划。为了确保组织的人工成本不超过预算，HRBP 有必要制定工资规划。组织未来的工资总额取决于组织内部员工是如何分布的，不同分布状况的人工成本是不同的。

第七，无论是招聘、培训还是晋升规划，HRBP 都要核算组织总体的工资成本或福利成本。因为 HRBP 要确保企业人工成本的分布是合理的，同时要针对业务收益或业务发展目标做出相应的调整。如何合理花钱，也是 HRBP 要掌握的一项技能。

　　上述七个规划既可以落实到 HRBP 的日常工作中，也能够追溯到业务战略里，这样就能够保证 HRBP 的所有工作都能够有效提升人力资源管理工作的价值，能够支持业务部门的发展。

第三章

做好招聘规划和
人才甄选

HR

HRBP

第一节　画好招聘规划图

不同性质的公司对招聘规划的定义是不一样的。招聘规划也叫招聘体系。图 3-1 中的六点就是招聘体系中不可或缺的六个部分。第一部分是人力资源规划，第二部分是招聘需求确定，第三部分是如何开拓招聘渠道，第四部分是如何根据规划确定招聘流程，第五部分是如何选人，第六部分是录用和跟踪这部分人，确保他们能够到职，并能在公司稳定工作一段时间。这六个模块分别有不同的侧重点，本章第一节主要针对这六个重点环节作简单的概述。当然，HRBP 不一定要亲自参与这六个环节，但是你需要知道整个招聘体系中有多少个步骤，并掌握其中的操作技巧。

一、人力资源规划

人力资源规划就是分析组织内部人力资源的供需情况。一些管理规范的企业对人力资源费用尤其是招聘费用的支出控制得非常严格。毕竟人力资源部是企业的成本中心，从某种意义上讲，怎样实现人才招聘的投入产出最大化，不花钱或少花钱

图 3-1 招聘规划图

为企业招聘到合适的人才，正是 HR 的价值所在。HRBP 应该为自己设定一个人才投资人的角色定位，将来 HRBP 不再是简单地操作招聘流程，而是思考如何为企业带来价值，也就是把公司的钱投到一个合适的人身上，这个人一定能够给公司带来最大的回报。由此可见，人力资源规划对企业和 HRBP 来说都非常重要。

二、招聘需求

招聘需求包括工作分析、需求来源、招聘渠道、判断需求真伪、需求审核确认流程等。

在开展招聘工作之前，HRBP 要做好需求分析，如果没有需求，招聘工作将变得一团糟，组织到底要招多少人？需要新员工何时到岗？为新员工设定什么样的薪酬标准？该岗位需要应届毕业生还是有工作经验的人？ HRBP 一定要和业务部门充分沟通上述问题，明确招聘标准。无论用人部门要招聘一个会计部经理，还是要招聘一个财务经理，HRBP 都要分析一下，这个职位对组织来说是不是最需要的，这个职位的人好不好招聘。招聘这个人是符合组织现在的需求，还是为了组织未来发展做准备的？还有一个根本的问题就是，业务部门是否考虑到了这个人和公司文化的匹配度。

　　同时，好的 HRBP 还要充分了解求职人群，分析目标人群的求职特点。只有了解到目标人群的特点，才能选对正确的招聘渠道。HR 在选择招聘渠道的时候要做好权衡，综合考虑信息发布时间、内容的丰富性、招聘的主动性和网络招聘渠道的性价比等因素。目前很大一部分求职者是"90 后"甚至是"95 后"，HR 是否了解这些新生代求职者的特点，他们在哪些地方聚集？是微信群还是 QQ 空间？他们喜欢主动应聘还是被动吸引？腾讯曾发布了一个关于"00 后"的报告，分析他们的特点。建议 HR 可以去看看，多理解他们的偏好，这样在选择招聘渠道的时候，才能更容易吸引他们的注意力。了解到这些特点，还有助于 HR 理解新生代求职者的一些面试行为。

　　最后 HRBP 要考虑的就是招聘费用。建议企业选择网络渠道的招聘方式，这一方式不仅费用低廉而且能为企业提供一个友好的技术平台，帮助 HR 提高工作效率，降低工作强度。

　　针对用人部门的招聘需求，HR 要学会判断真伪。在实际工作中，HR 经常在这个环节"踩坑"，有可能一直找不到合适的员工，也有可能员工入职后不久就离职。为了避免出现这两种情况，HR 要做到以下"五不招"。

　　第一，工作内容不明确不招。如果用人部门的负责人说不出来这个人的具体职责，HR 就要先和他做好充分沟通，并对工作进行评估，明确了招聘标准之后再发布招聘信息。

第二，没人管的新员工不招。HR 要让业务部门负责人先明确谁将是新员工的师傅，师傅是否已经做好了"带徒弟"的准备。

第三，能在公司内部调配就不招人。HRBP 一定要用发展的眼光做好人才梯队建设，随时应对公司职位空缺的现象；如果不能按计划招到合适的人，就要和用人部门的负责人共同制定备选方案，并判断备选方案有没有可能成为最终方案。

第四，需求不可能实现就不招人。不要把时间浪费在寻找"超人"上，面对用人部门负责人的高要求，HR 可以灵活变通，学会拆分需求，以便达到招聘目的。如果达不到招聘计划的要求，HR 不要说"试试看、想办法"，而应该立即调整招聘计划。

第五，只是简单的换人需求就不招人。组织对现有人员不满意时，如果只是管理问题，在管理问题得到改善之前，就不招新人。HRBP 不能只做招聘，还要对组织的健康负责，先解决管理问题，再解决招聘问题。

目前很多公司缺乏审核招聘需求的流程，经常是用人部门负责人口头或通过邮件提出招聘需求，HR 随即开始实施招聘工作。其实，HR 或招聘主管非常有必要明确招聘流程（如图 3-2 所示），保证招聘需求是多个部门的共同意见，以免在后期用人的过程中出现扯皮现象。

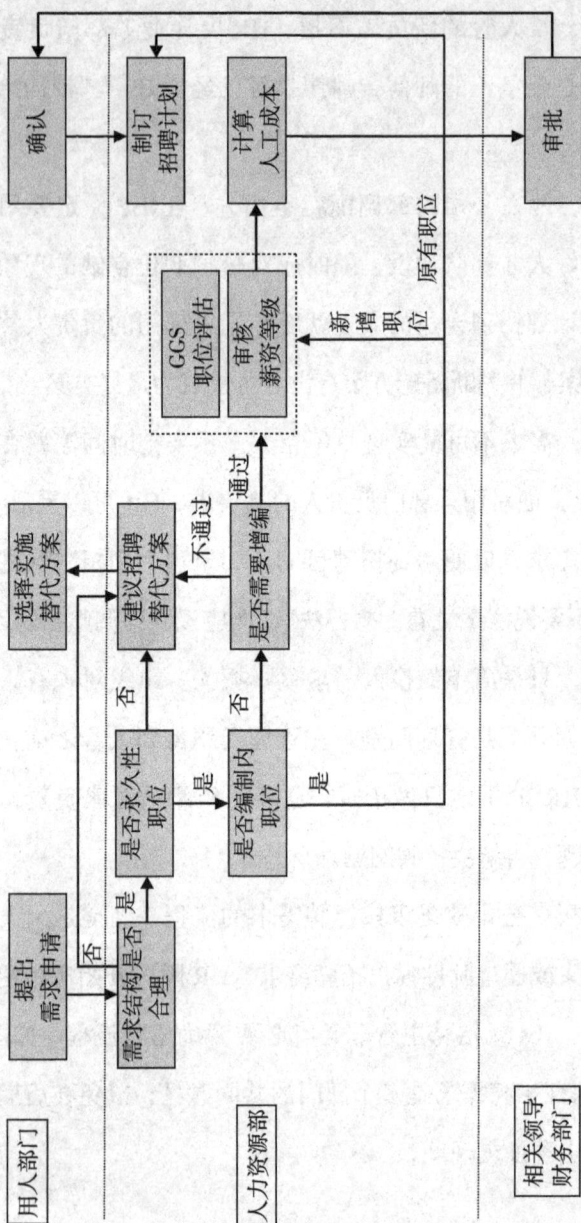

图 3-2 招聘需求审核确认流程

三、招聘渠道

HR 在接到招聘需求的时候，最先想到的就是寻找招聘渠道。HR 要先明确，是采用线上方式招聘，还是通过校园宣讲的方式招聘。从招聘的可持续性或延展性来说，内推是个不错的招聘渠道。其实，HR 可以想想还有哪些招聘解决方案，是不是所有用人需求都要通过招聘一个全职员工来实现。

四、招聘流程

明确了招聘渠道之后，HR 要做的就是发布职位信息、收集简历、筛选简历以及初试、复试到录用等工作，这是一个完整的招聘流程。

五、甄选方法

在招聘流程中，HR 要学会甄选人才的各种办法，包括面试、心理测评、无领导小组讨论等。

六、录用跟踪

明确人选后，HR 还要做好录用和跟踪工作，包括员工背景调查、入职跟踪，甚至需要做好候选人的离职辅导，保证他能够从上一家公司平稳离职。

第二节　招聘计划与招聘方案

一、招聘计划的重要性

招聘计划的重要性体现在以下几个方面。

1. 招聘计划就是指导 HR 开展招聘工作的地图，HR 按图索骥，操作起来就会简便易行。例如，今年 HR 需要做多少工作，从什么时候开始做，做到什么程度才是最好的，等等。这些量化目标能够帮助 HR 在接下来的三个月、半年甚至一年中有章法地开展工作。

2. 招聘计划属于企业发展计划的一部分，也就是说，企业在制定战略发展规划时肯定需要明确招聘计划，这样才能帮助企业健康地发展业务，各部门的配合度也会更高一些。

3. HR 制订招聘计划的另一个重要作用，就是"保护"自己，保证 HR 的所有工作都是有依据的。当然，这只是一个附带功能，HR 的工作最终还是要为业务部门服务的，如果 HR 一直在保护自己的话，反而会让业务部门与 HR 产生距离，双方的关系就会越来越远。

二、如何制订年度招聘计划

前文讲述的是招聘计划的重要性，下面我们列举一些年度招聘计划中应该包含的内容。

1. 做好定岗定编工作，将招聘工作纳入计划管理中来。在战略管理中，组织有多少岗位，需要什么样的编制，缺口是多少，这一系列要素都需要在招聘规划里体现出来。

2. 编制完善的岗位说明书。HR 应该对所有岗位分别编制说明书，这样 HR 在与业务部门讨论岗位需求的时候就可以做到有章可循。

3. 编制"年度招聘需求表"。这一点与第一点是相对应的，做好定岗定编工作之后，HR 就与业务部门明确了今年或这个季度的招聘需求情况，并根据具体需求编制"年度（季度）招聘需求表"。

4. 基于公司的招聘需求编制"招聘进度表"。HR 可以根据进度表随时了解招聘工作的进展情况。

5. 基于历史数据以及在日常工作中对员工的了解，HR 就可以预测员工的年度离职情况，帮助管理者做好预判，避免由于临时有人离职而造成岗位空缺或资源缺失。

6. 结合经验和数据，确定招聘渠道策略。

7. 编制招聘费用预算。

8. 完成招聘计划任务书。

三、招聘替代方案

当业务部门提出招聘需求时，HRBP 应先想一想有没有招聘替代方案（如图 3-3 所示）。如常见的招聘技术解决方案，包括提高员工技能实现人才晋升，填补员工空缺，使空缺职位的层级下移；或者灵活调配工作时间，使现有员工能够根据淡旺季工作量的变化调整工作时间。公司还可以把一些岗位外包出去，或者实施实习生计划，快速解决公司短期人才不足的问题。除此之外，公司可以通过调整工作流程、工作方式，提升整体工作效率的方式减少人员需求。

四、华为与阿里巴巴的选人之道

华为公司的成功在很大程度上源于其人才战略的成功。华为公司的招聘工作始终遵循一个原则，就是招聘公司规划中最需要的人才，使所有员工都能人尽其才。

这一总体原则可细分为以下七大原则，它们概括了华为公司招聘工作的一些基本行为和准则。

灵活工作时间

- 实行灵活工作时间制度，使现有员工能根据淡旺季工作量的变化调整工作时间长短，以解决旺季时季缺人的问题

签订外包协议

- 是否可以暂时聘用具备相应技能、工具和设备的专业承包商或独立工作者？通常外包可以迅速解决短期资源缺乏的问题

员工技能发展

- 能否通过提高现有员工技能，晋升内部员工，填补职位空缺，使空缺职位层级下移，再以招聘或其他替代方案解决

实习生计划

- 是否可以通过实习生项目解决人员需求问题？实习生项目通常有3~12个月的时间，公司能以较低成本评估实习人员的技能和潜力

提升工作效率

- 是否可以通过对工作流程、方式进行调整，提升整体工作效率，减少人员需求

重新分配工作

- 是否有员工愿意加班工作以获取更高的报酬？是否有兼职人员希望转为全职员工

常见招聘替代方案

图 3-3　招聘替代方案

　　第一个原则是最合适的就是最好的，所谓合适是指新员工的能力和经验与企业的要求相吻合。如果这个人的能力和经验比企业的要求低一些，也是可以录用的，因为这个人存在一定的成长空间，能够随着企业的发展而成长，有利于企业留住人才。

　　第二个原则是强调双向选择。现在的人才市场是一个买方市场，企业在选择员工的同时，人才也在选择企业，在这个过程中 HRBP 一定要关注候选人的意愿和他的求职动机。

　　第三个原则是实施有针对性的招聘策略。现在的招聘工作已经不是在网上发个广告、下载份简历那么简单了，招聘策略和招聘方式五花八门，HR 可以到协会、学校或培训机构招聘人才，甚至需要通过录制短视频的方式发布招聘信息。

　　第四个原则是 HR 既要对企业负责，也要对应聘者负责。HR 针对员工录用与否而做出的决定，除了可以改变一个候选人的命运，也会改变一家企业的命运。HR 一定要把自己的职业使命感提到新的高度。

　　第五个原则就是用人部门一定要参与面试，招聘工作不能让 HR 一方或某一方来做出决定。

　　第六个原则是设计科学合理的"应聘登记表"。

　　第七个原则就是做好企业的人才信息储备工作。每个招聘经理都应该是一个移动的人才库，不能总是业务部门需要人，

HR 临时去找人。人才储备能力也是 HR 需要具备的一项核心能力。

阿里巴巴公司的选人标准也很有特色。第一，公司选的是国企、外企的"不安分子"，民营企业的"正人君子"，第二，公司要求候选人聪明、乐观、自省、抗打击能力强。虽然只有简单的两句话，但是给出了一个非常明确的标准。

阿里巴巴公司找人的方式也很独特，可以总结为四个字——"找""闻""试"和"诚"。HR 知道他要找的人在哪里活动，包括线上和线下的活动区域。曾经有这样一个笑话，有些互联网公司的老板开网约车接 IT 工程师上下班，目的就是为了能够找到这些人。简单地说，人才在哪里，HR 就要去哪里。

阿里巴巴公司在招聘员工时还很注重"闻味道"，也就是判断员工与企业文化的匹配度。阿里巴巴允许一部分候选人以顾问的身份参与进来，先体验一下实际工作，如果双方对彼此很认可的话，员工再选择全职加入。阿里巴巴公司还会为他们看重的人才的家属安排工作，帮他们的孩子安排学习和教育机构等，解决了这些人才的后顾之忧。由此可见，阿里巴巴公司对人才是非常有诚意的。

第三节　测评甄选方法

HR 甄选人才的方法包括笔试、心理测试、情景模拟、笔迹分析（如图 3-4 所示）。应用最广泛、操作最方便、最直观有效、成本最低的选人方法，就是面试。

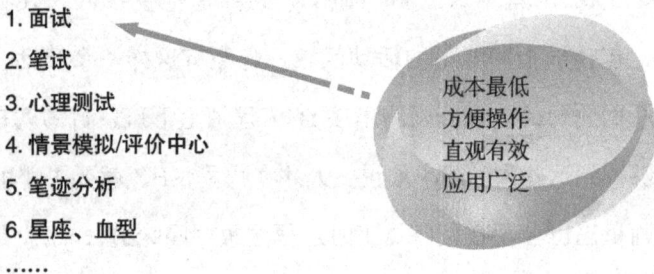

1. 面试
2. 笔试
3. 心理测试
4. 情景模拟/评价中心
5. 笔迹分析
6. 星座、血型
......

成本最低
方便操作
直观有效
应用广泛

图 3-4　测评甄选方法

一、面试

1. 面试的类型及其优缺点

如表 3-1 所示，面试分为不同的类型，如最常见的一对一，就是一个面试官面对一个应聘者；还有多对一，也就是多个面试官面对一个应聘者。这两种面试类型的优点是能够给应聘者提供更多的时间和机会，使面试进行得比较深入，不足之处是时间较长，评价角度单一，应聘者压力较大。

表 3-1　面试的类型及其优缺点

类别	优点	缺点
一对一	能够给应聘者提供更多的时间和机会，使面试进行得比较深入	耗时间，评价角度单一
多对一		耗时间，应聘者压力大
一对多	效率高，便于面试官同时对不同的应聘者进行比较	评价角度单一，应聘者相互影响；这类面试对面试官的技能要求较高，不便询问较隐私的问题
多对多	效率高	应聘者相互影响，成本高，不便询问较隐私的问题

除此之外，面试类型还有一对多，即一个面试官对多个应聘者。这种面试类型的优点是效率高，便于面试官同时对不同的应聘者进行比较，不足之处是评价角度比较单一，应聘者互相影响，而且这种方法对面试官的要求较高，面试官不便询问较为隐私的问题。

还有多对多，就是多名面试官面对多名应聘者。这种面试类型的优点是效率高，缺点就是成本较高，应聘者会相互影响，面试官不便询问较为隐私的问题。

如果 HRBP 不是很熟悉业务，最好采取多对一、多对多的方式，也就是与业务部门共同进行面试，这种方式的好处是能够节省应聘者的时间，HR 也可以向业务部门学习选人的标准，包括学习一些业务知识，同时 HRBP 与业务部门负责人针对招聘的标准也能够达成一致。

2. 面试的原则和注意要点

HR 在进行面试的过程中有如下八个注意事项，如图 3-5 所示。

第一，要充分尊重应聘者。尊重应聘者是 HR 基本的职业操守。任何一个应聘者来到公司，HR 都要尊重他们，不能以一种高高在上的态度面对应聘者。

第二，准时开始、规范操作。HR 要做好准备工作，做到知己（了解岗位职责和任职资格）、知彼（已浏览应聘者的简历）。HR 还要规范面试过程，体现出公司管理的规范性。此外，HR 要督促业务部门的负责人准时到场。

第三，营造融洽的氛围。面试不是考试，而是一场面谈，是企业与应聘者互相了解的过程，所以 HR 需要为面试营造一个融洽的氛围。

第四，不要偏离面试的主题，HR 要随时把握面试的进程。

第五，面试要专心，面试官不能一边玩手机、回邮件，一边面试。

④不可离开面试主题	③营造融洽的氛围	②准时开始、规范操作	①要充分尊重应聘者
不可离开面试主题。面试的话题很容易失控，尤其是在应聘者经验丰富的时候，面试官要坚定而委婉地将话题应回来	营造"自然""融洽"的面试氛围，帮助求职者轻松、让求职者客观、轻松地展示自己，正常发挥自己的水平	要做足准备工作，做到知己（岗位职责和任职资格）知彼（应聘者的简历）；同时，面试过程的规范性，也体现了公司管理的规范性	尊重应聘者是HR基本的职业操守，对别人的不尊重就是不专业！面试是两个人的对话，不是一场拷问，公司面试应聘者，应聘者也在面试公司

⑧结束时感谢和鼓励	⑦不要过早谈论薪酬	⑥要重视价值观的挖掘	⑤面试要专心
面试结束时，要对应聘者表示真诚地感谢和鼓励。面试后立即作面试评价、做好面试记录。做好面试笔记可以有效地避免很多误区。所以，越是面试关键岗位的应聘者，笔试就越应该越清楚	必须等到有决定性的选择时，才可以谈论薪酬。如果应聘者直截了当地希望得到较高的待遇，应聘者条件又相当不错，你可以说今后之后再答复。同时，也不要对公司的实际情况夸大其词	一般来说，企业的招聘人员多注重应聘者"能做"什么和"将要做"什么，易忽视应聘者"愿意做"什么	应聘者对面试官任何心不在焉的迹象都会特别敏感，面试官应尽量使应聘者感受到真心的礼遇

图 3-5　HR 进行面试时应注意的八个事项

　　第六，重点考察价值观。在面试技巧里，关于能力、经验，甚至是专业能力方面的考核都不会特别难，因为那些都是比较实在或可以量化的内容。唯独价值观是被埋藏在"冰山"以下的内容，不那么容易被察觉。有一句话叫作方向比能力更重要。如果员工的价值观、性格、做事风格与公司的企业文化相反，那么这个人的能力越强，他造成的破坏力也就越强，将会给公司造成更大的损失。所以，无论是在面试过程中，还是在用人部门的面试过程中，价值观的挖掘都是非常重要的一环。

　　第七，不要过早谈论薪酬。初次面试的时候双方互相不够了解，过早地谈论薪酬容易将面试变成一个讨价还价的过程。当应聘者与公司有了一定的了解后，HR 再与其谈薪酬会更好一些。

　　第八，结束时表示感谢和鼓励。面试结束时，HR 要对应聘者表示真诚的感谢和鼓励。在面试过程中，HR 应做好面试笔记，面试记录可以有效避免很多误区。面试结束后，HR 应根据面试记录立刻做出面试评价。

二、行为面试

　　HR 可通过行为面试法挖掘应聘者过去的经历，以此为基础预测其未来的工作表现，这是较为准确和有效的结构化面试方法中的一种。HR 利用这一方法可以在短时间内全面、深入地了解应聘者，获得一般的面试方式难以达到的效果。因此，行为面试法已成为面试官应具备的一项核心技能。

1. 行为面试法的基本步骤

（1）介绍和解释（用时约 3 分钟）

面试官在这个环节，主要是与应聘者建立信任关系，营造融洽和谐的谈话氛围，使其感到轻松、愉快。为使应聘者更愿意分享自己的真实经历，面试官应向应聘者强调面谈资料的保密性。

（2）简要描述自己的工作与职责（用时约 5 分钟）

面试官提出的问题可以包括：

- "您目前的职务是什么？"
- "您向谁汇报工作？"
- "您的直接领导是谁？"
- "谁向您汇报工作？"
- "您的直接下属有多少人？"
- "在不同的时期，您的主要任务和职责是什么？"

……

在提问环节中，面试官需要通过适当的方式，请应聘者详细描述自己的日常工作，以便从细节中做出进一步的判断。在这一步骤中，面试官除了要明确应聘者的工作职责外，更主要的是从应聘者提供的材料中捕捉到下一步开展行为事件调查的突破口。

（3）具体的行为事件访问

面试官让应聘者叙述关键事件，事件应包含但不限于以下几个方面：

- 事件发生的情景；
- 事件中涉及的人；
- 候选人在该情景中的思想、感受和愿望；
- 候选人在该情景中究竟是如何做的；
- 事件的最终结果是什么。

这一环节是面谈的关键阶段，应聘者可能出现的问题包括想不出描述什么行为事件、描述得过于简单、描述内容跑题等。在这样的情况下，面试官应该通过有针对性的提问，帮助应聘者整理思路，引导他们将重点放在能真正体现其个人素质的关键事件上。面试官应针对具体细节持续追问、深挖，直到认为自己获得了所需的全部信息为止。

2. 行为面试法的面试技巧

以下是一些有关行为面试法各个阶段的面试技巧，供读者参考。

（1）总是从好的事件开始询问。

（2）先让应聘者简单描述关键事件的概要。

（3）引导应聘者按事件发生的时间顺序进行叙述。当发现应聘者的讲述中有跳跃时，面试官应马上通过提问的形式回到上一话题，请其提供更详细的资料。

（4）让应聘者讲述过去发生的真实事件，而不是假定的事件或抽象的观点。如果应聘者提出了抽象的观点，面试官应立即让其举实例说明。

（5）面试官一定要用最简单的提问，引导应聘者讲出关键事件的细节，而且要让应聘者讲出过去的看法，而非现在的观点。

（6）追问应聘者行为背后的思想。如"您是如何做出那个决定的？""您当时是怎么想的？"。

（7）如果应聘者在叙述中提及"我们"，面试官一定要问清楚"我们"是谁。

（8）一旦应聘者在面谈中出现情绪化的倾向，面试官一定要停止发问直到其平静下来。

（9）面试官可以以自己的经历为例，让应聘者思考和回忆以前的经历。

（10）不要过多重复应聘者的话，这样面试官不仅得不到最新信息，还会被应聘者误解为一种引导。

（11）不要给应聘者限定讲述的范围。

（12）不要给应聘者提供过多建议。如果应聘者总是向面试官咨询意见，面试官可以顺势将问题反问给应聘者。

以团队合作为例，面试官可以问：

- 请你详细说说你作为团队成员对该团队做出的最大的贡献。
- 你的团队中有没有出现过团队成员发生激烈冲突的情况，请详细说明你当时是如何处理的？
- 可否举例说明你的部门曾与其他部门发生过的矛盾、冲突。你当时是如何处理的？

……

以客户服务为例，面试官可以问：

- 请举例说明你遇到的并处理过的较严重的客户投诉。
- 可否举例说明你遇到的最困难的客户服务情形，请详细说说你当时是怎么做的？
- 说说你曾经为客户提供的超出他们期望的服务并带给他

们惊喜的事例。

……

三、心理测试

20 世纪 20 年代，美国心理学家威廉·莫尔顿·马斯顿创建了一个理论体系来解释人的情绪反应，即 The Emotions of Normal People——"正常人的情绪"。

为了检验他的理论，马斯顿博士需要采用某种心理测评方式来衡量人群的情绪反映——"人格特征"，他采用了他认为非常典型的四个人格特质因子，即 Dominance——支配，Influence——影响，Steady——稳健，以及 Compliance——服从。DISC 正是这四个英文单词的首字母缩写。1928 年，马斯顿博士提出了 DISC 测评及其理论说明。

目前，DISC 理论已被广泛应用于世界 500 强公司的人才招聘工作。

以下是 DISC 性格测试题的完整版，读者可以自测一下，看看自己属于哪一种人格特质。在每道题中只能选择一个最符合自己认知的选项，一共 40 道题，不能遗漏。

注意：请按第一印象快速选择，如果不能确定，可回忆童年时的情况，或者以你最熟悉的人对你的评价作为选择依据。

//////////////////////////////

第 1 题

1. 敢于冒险：认为自己是愿意面对新事物并敢于下定决心的人；

2. 适应力强：能够轻松自如地适应任何环境；

3. 生动：充满活力，表情生动，多手势；

4. 善于分析：喜欢研究各部分之间的逻辑关系。

第 2 题

1. 坚持不懈：只有完成现有的事情才能做新的事情；

2. 喜好娱乐：开心，充满乐趣与幽默感；

3. 善于说服：用逻辑和事实而不是用威严和权利说服他人；

4. 平和：在冲突中不受干扰，保持平静。

第 3 题

1. 顺服：易接受他人的观点和喜好，不坚持己见；

2. 自我牺牲：为他人利益愿意放弃个人意见；

3. 善于社交：认为与人相处是好玩的事情，而不是挑战或商业机会；

4. 意志坚定：坚持以自己的方式做事。

第 4 题

1. 使人认同：因自身人格魅力或性格得到他人的认同；

2. 体贴：关心别人的感受与需要；

3. 竞争性：把一切当作竞赛，总是有强烈的获胜欲；

4. 自控性：能够控制自己的情感，极少流露情绪。

第5题

1. 使人振作：能够正面激励他人；

2. 尊重他人：对人诚实；

3. 善于应变：对任何情况都能做出有效的反应；

4. 含蓄：可约束自己的情绪。

第6题

1. 生机勃勃：充满生命力；

2. 满足：容易接受任何情况与环境；

3. 敏感：对周围的人和事过分关心；

4. 自立：独立性强，只依靠自己的能力、判断与才智。

第7题

1. 计划者：先制订详尽的计划，并严格按照计划执行；

2. 耐性：不因延误而懊恼，冷静且能忍耐；

3. 积极：相信自己有转危为安的能力；

4. 推动者：愿意鼓励别人参与某种事件。

第8题

1. 肯定：自信，极少犹豫或动摇；

2. 无拘无束：不喜欢预先制订计划，或被计划牵制；

3. 羞涩：安静，不善交谈；

4. 有时间性：生活和工作多依照时间表进行，不喜欢自己的计划被他人打扰。

第 9 题

1. 迁就：为与他人协调可改变自己，短时间内按他人要求行事；

2. 井井有条：有条理地处理事情；

3. 坦率：毫无保留，可以坦率发言；

4. 乐观：令他人和自己相信任何事情都会变好。

第 10 题

1. 强迫性：发号施令，强迫他人听从；

2. 忠诚：一贯可靠，忠心不移；

3. 有趣：风趣，幽默，任何事物在自己这里都能变成精彩的故事；

4. 友善：不爱争论。

第 11 题

1. 勇敢：敢于冒险，无所畏惧；

2. 体贴：待人得体，有耐心；

3. 注意细节：观察入微，做事情有条不紊；

4. 可爱：与他人相处充满乐趣。

第 12 题

1. 令人开心：充满活力，并将快乐传递给他人；

2.文化修养：对艺术特别感兴趣，如戏剧、交响乐；

3.自信：相信自己有能力取得成功；

4.贯彻始终：情绪平稳，做事情坚持不懈。

第 13 题

1.理想主义：以自己的完美标准衡量新事物；

2.独立：自给自足，不需要他人帮忙；

3.无攻击性：不说或做可能引起别人不满和反对的事情；

4.善于激励：鼓励别人参与、加入，并把每件事情变得有趣。

第 14 题

1.感情外露：从不掩饰情感、喜好，与人交谈时常会不自觉地触碰他人；

2.深沉：常常内省，厌恶肤浅的交谈、消遣；

3.果断：具备很快做出判断与结论的能力；

4.幽默：语气平和、有趣，时而有冷幽默。

第 15 题

1.调解者：经常居中调节不同的意见，以避免双方发生冲突；

2.音乐性：有较高的音乐鉴赏能力，只欣赏音乐的艺术性，而不是沉溺于表演的乐趣；

3.发起人：高效率工作的推动者；

4.爱交朋友：喜欢游走于各种聚会中，善交新朋友，不把任何人当陌生人。

第 16 题

1.考虑周到：善解人意，帮助别人，能够记住特别的日子；

2.执着：不达目的誓不罢休；

3.多言：不断说话、讲笑话娱乐他人，觉得自己应该避免尴尬；

4.容忍：易接受别人的想法和看法，不去反对或改变他人。

第 17 题

1.聆听者：愿意听别人倾诉；

2.忠心：对自己的理想、朋友、工作绝对忠诚，有时甚至不需要理由；

3.领导者：天生的领导者，不认为别人的能力能比得上自己；

4.有活力：充满活力，精力充沛。

第 18 题

1.知足：满足于自己拥有的东西，很少羡慕别人；

2.首领：要求自己拥有领导地位，希望别人跟随；

3.制图者：用图表数字来解决问题；

4.惹人喜爱：愿作人们关注的中心，令人喜欢。

第19题

1.完美主义者：用高标准要求自己和别人，认为一切事物应有秩序；

2.和气：易相处，易让人接近；

3.勤劳：不停工作，完成任务后也不愿意休息；

4.受欢迎：聚会时的灵魂人物，受欢迎的宾客。

第20题

1.跳跃性：充满活力，生机勃勃；

2.无畏：大胆前进，不怕冒险；

3.规范性：认为自己的举止应合乎道德规范；

4.平衡：情绪稳定。

第21题

1.乏味：死气沉沉，缺乏生气；

2.忸怩：躲避别人的注意力，在众人的注意下会感到不自然；

3.露骨：好表现，华而不实，声音大；

4.专横：喜命令、爱支配，有时略显傲慢。

第22题

1.散漫：生活任性、无秩序；

2.无同情心：不易理解别人的问题和麻烦；

3.缺乏热情：不易兴奋，经常感到好事难做；

4. 不宽恕：不易宽恕和忘记别人对自己的伤害，易嫉妒。

第 23 题

1. 保留：不愿意参与，尤其是当事情复杂时；

2. 怨恨：把实际或自己想象的别人的冒犯经常放在心中；

3. 逆反：抗拒或者拒不接受别人的方法，固执己见；

4. 唠叨：重复讲同一件事情，总是不断找话题说话。

第 24 题

1. 挑剔：关注细节，总喜欢挑毛病；

2. 胆小：经常感到强烈的担心、焦虑、悲戚；

3. 健忘：缺乏自我约束，不愿意回忆无趣的事情；

4. 率直：直言不讳，会直接表达自己的看法。

第 25 题

1. 没耐性：难以忍受等待别人这样的事情；

2. 无安全感：感到担心且无自信心；

3. 优柔寡断：很难做出决定；

4. 好插嘴：是个滔滔不绝的发言人，不是好听众，不注意倾听别人说话。

第 26 题

1. 不受欢迎：由于过于要求完美，而拒人于千里之外；

2. 不参与：对别人的生活不感兴趣；

3. 难预测：情绪时而兴奋、时而低落，或总是不兑现诺言；

4. 缺乏同情心：很难当众表达对弱者或受难者的情感。

第 27 题

1. 固执：坚持依照自己的意见行事，不能接受不同的意见；

2. 随性：做事情没有一贯性，做事情很随意；

3. 难于取悦：因为要求太高而使别人很难取悦你；

4. 行动迟缓：参与活动的兴趣不大或者行动总是慢半拍。

第 28 题

1. 平淡：平实淡漠，很少表露情感；

2. 悲观：尽管期待最好但往往首先会看到事物的不利之处；

3. 自负：自我评价高，认为自己是最优秀的；

4. 放任：允许别人做他喜欢做的事情，目的是讨好别人。

第 29 题

1. 易怒：善变，易激动，但过后马上就忘了；

2. 无目标：不喜欢目标，也无意制定目标；

3. 好争论：易与人发生争吵，不管何时都觉得自己是对的；

4. 孤芳自赏：容易感到被疏离，经常没有安全感或担心别人不喜欢和自己相处。

第 30 题

1. 天真：有孩子般的单纯；

2. 消极：往往只看到事物的消极面或阴暗面，很少有积极的态度；

3. 鲁莽：充满自信、有胆识，但方式方法总是不恰当；

4. 冷漠：漠不关心，得过且过。

第 31 题

1. 担忧：时时感到不确定、焦虑、心烦；

2. 不善交际：总喜欢挑人毛病，不被他人喜欢；

3. 工作狂：为了回报或成就感，而不是为了完美设立目标，不断工作，耻于休息；

4. 喜获认同：需要旁人的认同和赞赏。

第 32 题

1. 过分敏感：对事物会产生过分的反应，被人误解时会感到被冒犯；

2. 不圆滑老练：经常用冒犯或考虑不周的方式表达自己；

3. 胆怯：遇到困难时会退缩；

4. 喋喋不休：滔滔不绝，难以自控，不能倾听别人讲话。

第 33 题

1. 腼腆：对自己做的事情缺乏信心；

2. 生活紊乱：缺乏安排生活的能力；

3. 跋扈：冲动地控制事物和别人，愿意指挥他人；

4. 抑郁：常常情绪低落。

第 34 题

1. 缺乏毅力：不能坚持做某件事情，情绪与行动不合逻辑；

2. 内向：活在自己的世界里，将思想和兴趣放在心里；

3. 不容忍：不能忍受他人的观点、态度和做事的方式；

4. 无异议：对很多事情漠不关心。

第 35 题

1. 杂乱无章：生活无秩序，经常找不到东西；

2. 情绪化：不被欣赏时很容易情绪低落；

3. 喃喃自语：习惯于低声说话，不在乎是否说清楚了；

4. 喜操控：精明处事，爱操控事情，使之对自己有利。

第 36 题

1. 缓慢：行动、思想均比较慢；

2. 顽固：只按自己的意愿行事，不易被说服；

3. 好表现：需要自己成为被人注意的中心；

4. 有戒心：不太相信别人，对他人语言背后的真正动机存在疑问。

第 37 题

1. 孤僻：需要大量的时间独处，习惯避开人群；

2. 统治欲：毫不犹豫地展示自己的控制能力；

3. 懒惰：做某件事情时，总是先估量完成这件事情要耗费多少精力，认为能不做是最好的；

4. 大嗓门：说话声和笑声总盖过他人。

第 38 题

1. 拖延：凡事起步慢，需要推动力；

2. 多疑：不轻易相信别人；

3. 易怒：在行动不快或不能完成指定工作时，易烦躁和发怒；

4. 不专注：无法专心致志或集中精力地完成某件事情。

第 39 题

1. 复仇：记恨并惩罚冒犯自己的人；

2. 烦躁：喜新厌旧，不喜欢长时间做相同的事情；

3. 勉强：不愿意参与或投入某事；

4. 轻率：没有耐心，会不经思考而草率行动。

第 40 题

1. 妥协：为避免出现矛盾，即使自己是对的也会放弃自己的立场；

2. 好批评：不断地衡量和判断，经常提出反对意见；

3. 狡猾：精明，总有办法达到自己的目的；

4. 善变：注意力不集中，需要各种变化，害怕无聊。

答案统计

序号	D	I	S	C
题1	1	3	2	4

（续表）

序号	D	I	S	C
题 2	3	2	4	1
题 3	4	3	1	2
题 4	3	1	4	2
题 5	3	1	4	2
题 6	4	1	2	3
题 7	3	4	2	1
题 8	1	2	3	4
题 9	4	3	1	2
题 10	1	3	4	2
题 11	1	4	2	3
题 12	3	1	4	2
题 13	2	4	3	1
题 14	3	1	4	2
题 15	3	4	1	2
题 16	2	3	4	1
题 17	3	4	1	2
题 18	2	4	1	3
题 19	3	4	2	1
题 20	2	1	4	3
题 21	4	3	1	2
题 22	2	1	3	4
题 23	3	4	1	2
题 24	4	3	2	1
题 25	1	4	2	3

（续表）

序号	D	I	S	C
题 26	4	3	2	1
题 27	1	2	4	3
题 28	3	4	1	2
题 29	3	1	2	4
题 30	3	1	4	2
题 31	3	4	1	2
题 32	2	4	3	1
题 33	3	2	1	4
题 34	3	1	4	2
题 35	4	1	3	2
题 36	2	3	1	4
题 37	1	4	3	2
题 38	3	4	1	2
题 39	4	2	3	1
题 40	3	4	1	2

测试结果的使用说明：

计算各项得分，总分超过 10 分的称为显性因子，可以作为性格测评的判断依据。低于 10 分的称为隐性因子，对性格测评没有实际指导意义，可以忽略。如果有两项及以上得分超过 10分，则说明你同时具备这两项特征。

Dominance——支配型 / 控制者

高 D 型特质的人被认为是"天生的领袖"。

在情感方面，D 型人坚定果敢、酷爱变化、喜欢控制、干劲十足、独立自主、超级自信。但是，由于他们不会顾及别人的感受，所以显得粗鲁、霸道、没有耐心。D 型人不习惯与别人进行情感上的交流，不会恭维人，不喜欢眼泪，缺乏同情心。

在工作方面，D 型人是一个务实并讲究效率的人，目标明确，组织能力强，行动迅速，做事能够坚持到底，是在反对声中成长起来的人。但是，因为过于强调结果，D 型人往往容易忽视细节，处理问题时不够细致。爱管人的特点使 D 型人能够带动团队进步，但容易引起同事的反感。

在人际关系方面，D 型人喜欢为别人做主，虽然这样能够帮助别人做出选择，但容易让人产生被强迫的感觉。

描述 D 型人的词语包括积极进取、争强好胜、强势、爱刨根问底、直截了当、坚持己见、自信、直率。

Influence——活泼型 / 社交者

高 I 型特质的人通常是较为活泼的团队活动组织者。

I 型人情感丰富而外露，由于他性格活泼，爱说话、爱讲故事，幽默，常常是聚会的焦点人物。同时，I 型人也很容易生气，爱抱怨，大嗓门，不成熟。

在工作方面，I 型人是热情的推动者，总有新主意，能够鼓励和带领他人一起积极投入工作。可是，I 型人总是受到情绪影响，想到哪儿就说到哪儿，而且说得多干得少，遇到困难容易失去信心。喜欢轻松友好的环境，害怕被拒绝。

在人际关系方面，I 型人爱交朋友，也会被朋友称赞，爱当主角，喜欢控制谈话内容。可是，喜欢即兴表演的特点使得 I 型人常常不能用心理解别人。

描述 I 型人的词语包括有影响力、有说服力、友好、健谈、乐观积极、善于交际。

Steady——稳定型 / 支持者

高 S 型特质的人通常较为平和，知足常乐，不愿意主动进步。

在情感方面，S 型人是一个温和主义者，平和，有耐心，待人和蔼，乐于倾听，遇事冷静。这些特点使得 S 型人总是缺乏热情，不愿改变。

在工作方面，S 型人能够按部就班地工作并能持之以恒地努力。他们奉行中庸之道，不愿与他人发生冲突。但是，S 型人似乎总是慢吞吞的，懒惰，得过且过。很多时候，S 型人总是心里有主意，但有话不说，或作折中处理。

在人际关系方面，S 型人容易相处，喜欢观察人，乐于倾听。

描述 S 型人的词语包括可靠、亲切友好、有毅力、坚持不懈、善倾听、全面周到、自制力强。

Compliance——完美型 / 服从者

高 C 型特质的人通常是追求完美的专业型人才。

在情感方面，C 型人性格沉稳，严肃认真，目的性强，善于分析，乐于思考，偏理想主义。C 型人总会记住负面的东西，容易情绪低落，有忧郁症倾向。

在工作方面，C 型人是一个完美主义者，计划性强，注重细节，讲究条理，能够发现问题并制定解决问题的办法，喜欢编写图表和清单，坚持己见，并能做到善始善终。C 型人也可能是一个优柔寡断的人，习惯于收集信息和做分析，却很难投入到实际工作中。他们容易否定自我，需要得到别人的认同。同时，他们不能容忍别人不认真工作。

在人际关系方面，C 型人一方面在寻找理想伙伴，另一方面却交友谨慎。他们能够深切地关怀他人，善于倾听抱怨，帮助别人解决困难。但是，C 型人似乎始终有一种不安全感，以致于他们感情内向，多怀疑、批评别人，却不喜欢别人提出反对意见。

描述 C 型人的词语包括遵从、有条不紊、严谨、准确、完美主义者、逻辑性强。

四、评价中心

评价中心是一种包含多种测评方法和技术的综合测评系统。它总是针对特定的岗位来设计、实施相应的测评方法与技术，适用于甄选管理岗位的候选人。HR 通过对目标岗位的工作进行分析，在了解岗位的工作内容与职位素质要求的基础上，事先设置一系列与工作高度相关的模拟情景，然后将求职者纳入该模拟情景中，要求其完成该情景下的管理工作，如主持会议、处理公文、商务谈判、处理突发事件等。在求职者按照情景角色要求处理或解决问题的过程中，HR 可以采用各种方法或技术，观察和分析求职者在各种情境压力下的心理和行为表现，测量与评价求职者的能力、性格等素质特征。

情景模拟技术主要包括文件筐测验、无领导小组讨论、管理游戏和角色扮演等；其他技术如案例分析、演讲、事实搜寻、情景面谈等，HR 也常常会结合实际需求加以应用。下面简单介绍四种情景模拟技术的基本概念与操作技巧。

1. 文件筐测验

文件筐测验（In-basket）被认为是应用最广且最有效的一种测评形式。

文件筐测验，也叫公文处理、公文包测验，是对实际工作中管理者掌握和分析资料、处理各种信息以及做出决策的工作活动的一种模拟。一般在假定情景下实施该测验。例如，模拟一个组织发生的实际业务、管理环境，提供给求职者的信息包括财务信息、人事信息、市场信息、政府公文、客户关系等十几份甚至更多的材料。这些材料通常是放在文件筐中的，文件筐测验因此而得名。测验要求求职者以管理者的身份，模拟真实工作情景中的想法和行为习惯，在规定条件下（通常是较紧迫或困难的条件，如时间与信息有限、孤立无援、初履新任等），对各类公文材料进行处理，形成公文处理报告。处理完毕后，求职者还要填写行为理由问卷，说明处理的理由、原则或依据，针对不清楚的地方或想深入了解求职者时，面试官还可以与求职者进行深入交谈，以澄清模糊之处。面试官通过观察求职者在规定条件下处理公文的行为表现以及分析求职者的处理理由，评估其在计划、组织、授权、决策和问题解决等多方面的能力和潜质。

2. 无领导小组讨论

无领导小组讨论（Leaderless Group Discussion，LGD），是指将数名求职者集中起来组成小组，要求他们就某一问题开展不指定角色的自由讨论，面试官通过分析求职者在讨论中的发言，观察他们的非语言行为，对他们做出评价。

3. 管理游戏

管理游戏是一种以完成某项或某些"实际工作任务"为基础的标准化模拟活动，通过活动观察和测评求职者实际的管理能力。因为模拟的活动大多要求求职者通过游戏的形式进行，并且这一活动侧重于评价求职者的管理潜质，管理游戏由此得名。

4. 角色扮演

角色扮演是一种用来测评求职者人际关系处理能力的情景模拟活动。在这一测评活动中，面试官会设置一系列尖锐的人际矛盾与人际冲突，要求求职者扮演某一角色并进入角色情景中处理各种问题和矛盾。面试官通过观察求职者在不同角色情景中表现出来的行为，测评其相关素质。

第四章

有技巧地辞退
低绩效员工

HR

HRBP

第一节　辞退员工的难点

对 HRBP 来说，辞退员工不是一件容易的事情，它有以下五个难点。

1. 举证难

一些公司没有完善的流程和制度用于记录员工的日常工作表现，当部门经理对某个员工产生了不信任感，或者领导对某个员工的绩效感到不满意，希望他离开公司的时候，公司管理者或 HR 会缺乏一些明确的证据。所谓证据，既包括管理者和员工面谈的记录，也包括企业可以拿到法庭或仲裁庭上举证的依据。针对这个问题，公司可制定量化绩效考核标准，明确记录员工的考核结果，一旦需要辞退低绩效员工，可以将其作为辞退证据。

2. 沟通难

HRBP 在与低绩效员工进行辞退面谈时，沟通是头号难题。HRBP 与员工进行辞退面谈时需要掌握一定的沟通方式和技巧，既要让员工心平气和地接受离职的结果，又要维护公司的利益，不影响公司的正常运行。通常员工在接受辞退面谈时会出现一个情绪化的过程，毕竟这个决定将会影响他的正常生活，所以沟通是辞退面谈环节中一个非常大的难点。

案例

小张在某公司市场部从事软件销售工作，由于部门管理方式、自身经验不足等原因，她一直没有取得较好的销售业绩，在一段时间以后，老板决定，对她予以或辞退或调岗的处理。

于是，部门领导和总助分别就此事与小张沟通，第一个选择是自己主动离开，第二个选择是调入产品部门，这两个选择引起了小张的强烈抗议，她认为："我不是部门业绩最差的，为什么要淘汰我？"

这下可把部门领导和总助急坏了，他们将情况告诉了HRBP，HRBP 了解情况后，立刻与该员工沟通，对她的"遭遇"表示理解与认可，同时告知公司战略规划、部门工作部署、业绩现状，并与其分析了自身优势、职业规划等，一番沟通后，小张说："我就是去项目部也不去产品部门！"很显然，这是气话。HRBP 说："如果有合适的岗位一定帮你争取，不过我还是觉得产品部门更需要像你这样的员工，而且产品部门正在重组，更有前景，你不用现在回答我，今天回去想一想。"结果，第二天一大早，HRBP 就收到了小张发来的微信：我愿意去产品部门。

事实证明，她在产品部门的销售业绩非常不错，自己也很开心。

3. 公平难

HR 是连接企业与员工的纽带，既要维护企业的利益，也要维护员工的利益。因此，HRBP 在设计辞退安置方案时，既要让用人部门满意，又要减少对其他员工的影响，在这两者中要做到绝对公平是非常不容易的。

4. 操作难

HRBP 要处理好员工离职过程中的一些操作细节，如撰写沟通邮件、计算补偿金、与员工签订协议书等。HRBP 一定要处理好细节，避免被员工告上法庭，进而影响到企业的形象。

5. 愉快难

HRBP 与员工进行离职面谈的最终目的是希望双方能够好聚好散，但是，离职是一件很难让人感到愉快的事情。很多 HRBP 在遇到这种事情时都会感到很困难。换个角度想，做好离职面谈对 HRBP 来说也许是个机会，因为做好这件事既考验了 HRBP 的综合能力，也利于 HRBP 全面考量自身的工作。能做好这么有难度的事情，双方既没有产生纠纷，又在合理的范围内保护了企业和员工的利益，HRBP 也会增加自身的成就感和信心。

在辞退员工的过程中，HRBP 也要处理好自己的情绪，如果自身情绪不稳定或心态不够好，在面对辞退员工的过程中那些不可预料的因素时，HRBP 就会感到有越来越多的难点。

第二节　辞退低绩效员工的流程

一、收集辞退低绩效员工的依据

1. HRBP 可事先与员工进行绩效面谈，对员工做出有针对性的培训，若其仍未达到工作要求，应保留好书面记录。

2. 调整员工工作岗位，若员工仍未达到要求或员工拒绝调岗，HR 要保留书面通知书。在调岗期间，HRBP 要时刻关注该员工的工作表现，包括留存打卡记录、员工完成 KPI 的情况，或在某个项目上存在较大的纰漏，给公司造成的损失等。HRBP 可要求员工的直线经理在日常工作中多关注该员工的表现，经常给员工发送邮件说明工作完成情况。

3. HRBP 应依照制度与事实依据对员工做出处理，若员工仍不服从，可向员工送达"解除劳动合同通知书"。如果员工处于孕期或哺乳期，公司则不可解除劳动合同。

二、选择辞退方案

在辞退低绩效员工的问题上，HRBP 有很多解决方案，如直接辞退、劝退等，HRBP 应在进行利弊分析及成本分析后，结合公司的核心需要，选择最佳方案。

每个辞退方案都各有利弊，这里我们以劝退为例，虽然从结果的角度看，劝退是一种比较平和的辞退方式，但是它有一个缺点，就是 HR 劝退员工需要花费比较长的时间，这就意味着在劝退的过程中，员工仍然在公司任职，劝退他的过程不仅会影响到他的本职工作，而且会影响到其他员工的表现，甚至给公司造成一些连带的损失。所以，HRBP 尽量不要选择负面影响大的辞退方案。

HRBP 在选择辞退方案时，要把握这样一个原则，那就是"心要慈，手要快"。

三、计算经济补偿金

在计算员工的经济补偿金时，HRBP 一定要站在员工的角度，精确和全面地计算补偿金，尤其是在第一次与员工谈及补偿金的时候，一定要尽可能算好、算齐、算准。如果算错或漏算了某些项目，就会影响员工对 HRBP 及公司的信任程度。

公司给予被辞退员工的经济补偿金的计算公式如下：

经济补偿金 = 员工前 12 个月的平均工资 × 员工在本企业的工作年限

根据这个公式，HRBP 可以精准计算补偿金。如果补偿金不是整数，HRBP 可凑整发给员工，这样做的好处是既利于劳资双方建立信任，也不会影响到企业的成本。其实员工在心里会对补偿金有一个预期，HR 要善于管理他的期望值，双方谈好一个取整的数字，能够更快地达到谈判的目的，而不至于因为一个单项上的计算，把整个离职谈判拖入僵局。

除了和员工计算补偿金，HRBP 还要和领导沟通成本。除了有形的赔偿金之外，还有一些无形的风险成本，如辞退员工对客户的损害、对现有员工的影响等。HRBP 还要遵循规律和原则测算辞退员工导致风险的概率，如员工会不会起诉公司，一旦走上法律程序，公司的胜算有多大等，这些都是 HRBP 需要做的准备工作。

还有一项成本不能忽视，那就是 HRBP 的服务成本。因为在辞退员工的过程中，HRBP 要花费很多时间和精力，老板可能会忽视这一点。

四、沟通前的准备工作

1. 沟通材料的准备

HRBP 在与员工进行辞退面谈前，要按顺序放好与员工有关的所有资料，准备好不同版本的"协商解除劳动合同协议书"、"单方解除通知书"、录音笔、签字笔和白纸等。

"协商解除劳动合同协议书"应该包括如下要点：解除合同由谁提出，注明双方经过协商达成一致，以及经济补偿金的细节、工资结算的方式和解除劳动合同的时间，还有解除劳动合同之后员工的义务等。

如果公司有法律顾问，HR 最好把这份协议书交给法律顾问过目甚至可以让他们来起草。因为这份协议对于保护公司利益来说是一个非常重要的证据，所以 HRBP 在拟订"协商解除劳动合同协议书"时一定要慎之又慎。

2. 了解沟通对象

HRBP 要充分了解沟通对象，如员工的个性和家庭情况，还有他对被辞退这件事的态度和反应。了解到这些之后，HRBP 就可以预测面谈时该员工的情绪反应，并做好应对措施。

3. 沟通人员的构成与分工

与员工进行辞退面谈时，HRBP 要明确自己与员工直属领导之间的分工，想清楚是一起谈还是分开谈，如果一起谈，谁是主谈，谁是副谈？如果分开谈，谁先谈、谁后谈？在面谈的过程中，HRBP 扮演的是第三方或协调者的角色，所以 HRBP 不要把自己代入到直线经理或公司管理者的角色中，一旦让员工觉得 HRBP 站在了他的对立面，谈判就会变得特别难。

4. 设计沟通方案

每个员工的心态不一样，有的人比较直接，有的人喜欢"绕弯子"，因此 HRBP 要根据员工的心态多准备几套方案，但是一定要设计一套兜底性方案。同时，HRBP 要做到具体问题具体分析，选择最佳的沟通切入点。

5. 沟通时间的确定

尽量选择员工比较放松的时间（如周五下班后）进行辞退面谈，长度以半小时为宜，避免将节假日前后或员工有家事的时期作为开展辞退谈判的节点。

6. 沟通地点的选择

HRBP 要根据不同的情况选择不同的沟通地点。总体原则是尽量选择轻松、明亮的空间。

7. 其他准备工作

HRBP 一定要了解员工的特殊性，他所处的是否是敏感岗

位，他的精神状态和身体状态是否正常，并有针对性地准备好
应对措施。尽量避免和员工发生正面冲突。如果员工出现过激
行为，HR 要注意保护自身安全。

五、沟通过程

1. 沟通开始时，HRBP 可适当寒暄，但时间不宜过长。
HRBP 要对员工的既往工作表现表示肯定，举证说明企业现状
和员工的不足之处，此时表达不必过于婉转。

2. 在沟通过程中，HRBP 告知公司将与员工解除劳动关系，
观察员工反应，分析员工心理并准备应对措施（如图 4-1 所示），
与员工书面确认解除劳动关系。

针对员工反应的处理

员工的反应	HRBP的应对
□ 平静、不说话、面无表情、目光呆滞、纹丝不动（自我否定型）	√ 打破僵局，让员工开口说话
□ 理性、讲道理、讲条件、讲理由（自我肯定型）	√ 更理性地分析员工提出的理由、条件
□ 激动、暴跳如雷、蛮不讲理、坚决不同意（自我保护型）	√ 冷静、不跟员工发生正面冲突
□ 起身准备离开（自我逃避型）	√ 适当挽留员工，最多只挽留一次

图 4-1　针对员工反应的处理

3. 沟通结束后，如果沟通成功，双方签署协议；如果沟通失败，平静结束本次沟通。

4. 针对员工的反应，HRBP 要给予其发泄情绪的时间和空间，让员工有一个接受的过程，耐心倾听员工的不满。

六、做好风险管理

HRBP 代表公司与员工签订"协商解除劳动合同协议书"，在协议书中应注明关键点，如发放工资或奖金的时间节点等。HRBP 不仅要履行承诺，还可以从个人的角度关心员工，为他的离职或入职新的公司提供便利。另外，HRBP 要尽量减弱该员工离职对公司其他员工和业务的影响，如通过官方渠道发布消息，提前与客户沟通，管理该员工的邮箱功能等。

第三节　辞退工作中 HR 应有的信念

一、辞退员工是 HR 的工作，坚决不逃避

在处理辞退员工这项工作时，HR 首先要调整自己的心态，

控制好自己的情绪。HR 要认识到，人力资源部负责的就是企业中所有与人有关的工作，不要觉得是用人部门把这样一个"烫手山芋"扔了过来，从而产生抵触情绪，与其抱怨，不如告诉自己，这就是我的工作。

二、辞退面谈时要尊重客观事实，做到对事不对人

在与员工开展辞退面谈时，HR 要尊重客观事实，做到对事不对人。无论对这个员工印象如何，HR 都要尊重客观事实。这是一个非常重要的心态。

三、站在企业的立场上谈判，同时尊重员工的身心感受

2018 年 3 月，一篇名为《××公司，如此坑害老员工，良心真的不会痛吗？》的文章刷爆朋友圈。

文章的当事人自称在该公司工作了 713 天，却被公司威逼利诱要求主动离职，否则就以严重违纪为由开除。

事件的关键点是，除了公司想不支付补偿金就辞退员工之外，另一个矛盾点就是公司的 HR 简单粗暴的劝退方式。

案例中的 HR 处理这件事情的时候，欠缺的就是尊重员工的身心感受。

四、学会换位思考，合法、合理辞退员工，要有同理心

很多关于 HR 的技巧训练里都有换位思考这一项，也就是 HR 要具备同理心。在辞退员工的过程中，HR 尤其要学会运用同理心和换位思考的方式开展工作。

五、树立企业文化，创建和谐的谈判空间

某个员工和公司发生矛盾，对公司来说也许是个很好的机会，HRBP 可借此机会树立一些正向的企业文化，让公司的其他员工看到公司在处理这样一件棘手的事情时采取的是什么样的态度，这种态度会让员工对公司充满信心，而不是感到寒心。

上述五点有一个共同点，就是心态决定一切。如果在辞退员工的过程中，HRBP 能够掌握和使用好心态，他想到的解决方案、沟通时的耐心程度、处理事情时的冷静程度就会比平时好得多。这件事情就会在 HRBP 的控制下朝一个好的方向发展。

第五章

发展关键人才和建设人才梯队

HR

HRBP

第一节　何谓人才管理

　　如今很多企业都在进行人才管理，这是因为企业发展的关键取决于员工的核心竞争力。有的人认为，除了人才以外，企业的资金和技术也很重要。但是，资金是由人创造的，技术也是由人来管理的，所以人才是决定企业成败的最主要因素。明确了人才管理的重要性之后，我们还要明确一个现状，那就是人才的流动性日益加剧，员工对企业的忠诚度也在随之下降。因此，企业的人才管理工作变得越来越重要了。

　　人才管理是 HRBP 重点关注的工作。从事人才管理工作可以让 HRBP 更多地体现出自身的战略性价值。

一、人才管理简述

1. 人才的定义

　　人才的定义分为狭义和广义两种。狭义的人才特指能够为公司经营业绩做出贡献，兼具能力和忠诚度的员工。广义的人才就是公司的所有员工，能够在既定范围内做出应有的贡献和业绩的人就是人才。通过人才管理，管理者可以让最优秀的员工在正确的时间完成最适合的工作，确保公司实现可持续发展。

2. 人才管理的定义

人才管理包含一整套管理流程，例如在员工中发现人才，对他们进行技能培训，令其不断进步，以及留住这些人才从而保证公司投入的培养成本获得相应的回报。

二、人才管理的意义

很多企业管理者并不清楚组织中有多少人才，在启动企业经营战略时才发现，人员发展没有跟上，导致企业战略只能停留在纸面上。

企业管理者在明确了人才发展计划和方法后，就可以开展针对员工相关技能的培训或实施职业发展规划，让这些计划有章可循，使组织的人才发展变成一个体系化的行为。企业最大的竞争优势就是人，人才是决定企业成败的主要原因。

三、人才管理的目标

企业管理者要知道内部有多少人才能够支持企业发展，保证最优秀的员工在正确的时间从事最适合的工作。管理者可通过内部培养、外部招聘和人才轮转三种方式获得人才。

鉴于组织的复杂性和多样性，管理者必须制定一套结构良好且操作规范的人才管理流程，以达到以下目的。

（1）尽早发现人才，重点培养那些可能对公司发展做出重大贡献的人员。

（2）在员工中开展技能培训，使其满足公司实现长期发展目标的需要。

（3）建立一个稳定的领导人才库和继任者计划，以保证公司重要职位继任人选的正常输送。

📖 案例

一份辞职信触动了公司实施继任者计划

某快消品公司为国内中型民营企业，年销售额过百亿元，该公司的人力资源管理体系初具规模，但是人才管理尚处于萌芽状态，中高层管理人员的平均工龄为12年，流失率极低，基层员工和实习生的流失率则超过42%。

某年元旦后，销售业绩占公司总销售额35%以上的"80后"华东区销售总监突然向公司销售副总递交了辞职信，理由是他即将举家移民，出于对公司的忠诚和负责，他提前半年通知公司。公司CEO、销售副总和新到岗的人力资源副总一起盘点了公司内部可能继任的人选，却发现无人可用。

于是 HRBP 采取了如下行动。

1. 与销售副总修订大区销售总监的岗位说明书，同时确立大区销售总监和区域经理的胜任力模型以及绩效管理工作中的人员管理部分。

2. 春节后正式启动华东区销售总监的招聘工作。

3. 销售副总、华东区销售总监和 HRBP 与华东区的现任三位区域经理于 3 月底前完成职业发展计划的制订和沟通确认工作，依据绩效，在本年度适当放宽调薪比例。

4. 对现任的五位大区销售总监和 22 位区域经理进行正式的胜任力评估，并在 5 月底前完成职业发展计划的沟通和制订工作，主要是在未来 24 个月中，完成 40% 的人员区域调动或调岗工作。

5. HRBP 推出区域调动的福利政策和管培生的管理政策。销售部的人才培养体系也在 5 月底前完成。

6. HRBP 和销售副总、公司 CEO 于 9 月联合批准 5 年期的"中高层管理人员继任者计划"。

HRBP 的思路是：

第一，先用简单但是专业的方法理顺、细化大区销售总监岗位要求，然后把它当作对内和对外招聘的依据；

第二，虽然有保密措施，但是没有不透风的墙，所以必须迅速了解和评估华东区下一层经理的现状，并且给予特殊的薪酬倾斜。

（4）为公司短期人才需求做到未雨绸缪，包括填补关键职位空缺。

（5）如果公司具备一定的规模，HRBP 可以在集团内部共享战略性人才资源，在不同的职能部门事业部中进行人才分享和人才轮转，鼓励跨职能部门人员流动和跨国、跨地区发展。这样可以帮助企业实现人才绩效或人才产出的最大化，HRBP 可以起到协调、统一和调配的作用。

四、人才管理的参与者及其职责

人才管理工作的参与者包括员工、管理层和人力资源部三个部分，具体如图 5-1 所示。

很多企业管理者都会说"公司搭台员工唱戏"，唱得好与不好都是由员工决定的。员工对自身职业发展负有最主要的责任。

管理层在人才管理中的职责，就是在组织中推动和执行人才管理流程。人才管理工作的实施非常需要公司高管层的支持和理解，如果只是 HRBP 单打独斗的话，效果就会微乎其微。原因有二：第一实施难度会很大，第二由于短期内很难看到效果，高管层会认为这个项目不值得做。

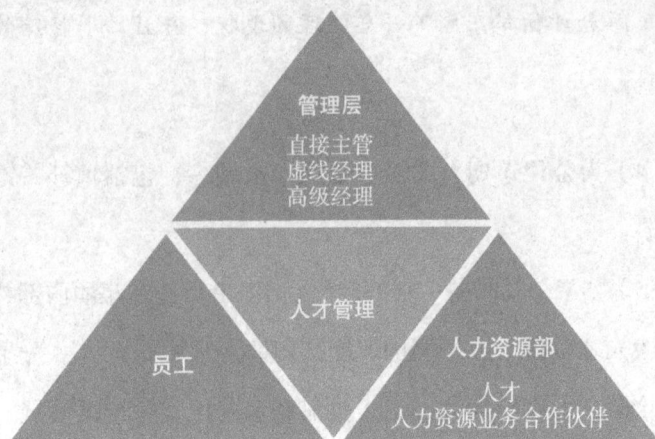

图 5-1　人才管理工作的参与者

人力资源部要协助开展人才管理流程的设计、执行和监督工作，同时确保这项工作与人力资源其他工作项目的联系，包括绩效管理和培训项目。人力资源部要确保人才管理最终能够为人力资源其他模块的输出服务，而不仅仅是为了形成文件或数据。

五、人才管理两大要素——职位、人员

人才管理包括两大要素，分别是职位和人员。HRBP 要做的事情就是在组织内部确定关键职位，为关键职位设计继任者计划。

HRBP 要使用绩效及潜力矩阵识别适合员工的发展小组，发展小组是指员工所在的组别或类别。一旦确定了员工属于哪一个

发展小组，HRBP 就可以为每一位员工提供一份个人发展计划。

第二节　关键职位

一、关键职位的定义

关键职位是指对公司运作或实现战略目标具有重要影响的职位。

二、关键职位的判断标准

1.重要职位对公司实现经营目标、业务持续性发展和长期战略具有至关重要的作用，一旦这些职位出现空缺将导致企业出现重大的经营风险。如高级管理者的岗位，一旦某位高管离职，并且公司没有合适的候选人时，就会对公司经营造成很大的影响。

2.这些职位的任职者通常需要具备特殊技能和专业经验。如某个领域的专家，这样的专业人才在市场上比较少，而且专业性程度越高，人数就越少。这类人才的离开将会对公司造成很大的影响。

3. 这些职位可能会接触到重要的竞争性信息，如一些快消品公司研发部门中掌握产品配方的人员，以及公司内部一些公关能力强的员工或形象大使，这类员工的离开会严重影响公司在市场中的美誉度。

4. 这些职位可能会对公司的重要对外关系有着相当大的影响力，决定了公司的业务能否顺利开展。

三、关键职位确定和等级评定标准

重要职位可以出现在公司内部的任何级别上，并不一定是级别越高的职位就越关键，关键与否要根据前文所述的几个标准去判断，同时 HRBP 还要参考如表 5-1 所示的关键职位等级评定指南。

表 5-1 的最左边列举了各种评定因素。例如，这个岗位对公司的成功和发展具有的重要影响，在这个职位发生空缺时，填补这个职位的难度，以及在一般情况下这个职位是否有充足的后备人员，等等。这些因素可以帮助 HRBP 评估这个岗位的现状。右边有三个不同等级的描述，第一列表示情况可控，第二列代表这个职位有点关键，第三列就代表这个职位在这个因素上是非常关键的。

表 5-1　定义关键职位

因素	分级			
职位重要性 该职位对公司发展具有何等重要性	对公司的发展 而言较为重要	对公司的发展非常重要	属于最重要的职位	
人选更换难度 发生空缺时填补该职位的难度如何	很容易找到合 适人选	较难找到合适人选	极难找到合适人选	
后备充分性 一般情况下，该职位是否有充足的后备 人员？该职位是否只有一名员工	公司内部随时 有后备人员	公司内部的后备人 员较为有限	公司内部没有后备人员	
空缺风险和影响 如该职位空缺 4 至 6 个月会发生什么 情况	情况可控	会出现问题	公司经营出现重大困难	
领导力 该职位需要怎样的领导力？该职位是否 具备特殊领导力	没有领导力或限	一般领导力	重要领导力	
决策影响 该职位上的人员通常会做出怎样的决策	较少做出关键决策	会做出对公司具有 一些影响的决策	做出关键和具有高度 影响力的决策	
其他因素 （如区域角度的重要性）	有些重要	较为重要	极其重要	

第三节　发展小组

一、发展小组的定义

发展小组是指按照员工能力特征、职业发展目标与发展方式的不同划分出来的人员组别。

表 5-2 就是关于发展小组的详细定义，不过这只是个参考案例，并不代表所有公司都应该这样区分，各公司可结合实际情况对发展小组做出定义。

表 5-2 中的最左侧一列把人才分成了几种类型，包括初级潜力人员、专家、贡献者、新晋员工和问题员工。每一种类型的发展小组的员工都有不同的定义、特征、发展行动和行动内容。

1. 初级潜力人员。他们在目前的工作岗位上表现出色并展现出了领导才能。管理者可以期望他们承担更多的工作职责并在短时间内在更高级的工作岗位上任职。

2. 专家。这些员工在各自的专业领域内拥有公认的专业知识和技能。他们拥有的科学和 / 或技术知识很难被他人取代。专家的特点是渴望提升专业能力，成为这个专业领域的楷模，并

表 5-2　发展小组的详细定义（参考案例）

	定义	可见特征	发展行动	行动内容
初级潜力人员	这些员工大都处于其职业生涯起步阶段，没有管理工作经验或经验相对有限。他们在目前的工作岗位上表现出色并逐渐开始展现领导才能。可以期望他们承担更多工作职责并在 5 年时间内在两个不同的工作岗位上任职	■ 愿意接受任何工作机会 ■ 积极地了解自我，他人和观点 ■ 善于接受新的挑战 ■ 通过掌握新的技能迅速取得进步 ■ 在信息不全的情况下能作出决定	■ 接受高级领导的培训和指导 ■ 参与年轻人才"智囊团" ■ 参与部门间项目 ■ 参加公司管理培训课程 ■ 在能够展现潜力的地方工作 ■ 积极发展工作网络	部门／国内管理委员会负责评估个人发展计划并交由地方主管批准。地方人力资源业务伙伴支持 N＋1 经理执行发展计划和后续行动
专家	这些员工在各自的专业领域内拥有大家公认的专业知识和/或技能。他们拥有的科学和/或技能，他们拥有的知识很难被他人取代	■ 渴望积极提高他们的专业能力 ■ 可以成为交流专业经验的榜样 ■ 寻找能够运用他专业能力的工作任务 ■ 扩展管理工作能力，不一定是他们有限考虑的方面	■ 发展行动应注重维持、激励和保留，保持专业水平和公司内外的认知度 ■ 继续接受教育和学习 ■ 对外办讲座 ■ 撰写科技论文并发表 ■ 内部知识转化／教授	
贡献者	是指大多数在工作要求和贡献方面或在组织内部横向发展，通常能满足或超出期望的员工。他们在目前的岗位上工作出色并有取得进步，可以更上一个台阶	■ 熟悉当前工作 ■ 在当前工作和任务中保持他们的专业技能 ■ 接受变革并给出正面反馈 ■ 能及时完成目标，工作可靠 ■ 在本职工作中不断提高专业水平	■ 发展行动应注重保持现有水平，并随着工作内容演变不断提高专业能力 ■ 拓展工作范围 ■ 参与横向项目 ■ 参与管理／技术培训课程 ■ 积极发展工作网络 ■ 接受培训／指导	

（续表）

	定义	可见特征	发展行动	行动内容
新晋员工	是指新进公司或刚到新岗位履职的员工。由于这些员工的工作时间相对不长，因此还无法评估他们的工作绩效或潜在能力。应当在下一人才周期将他们列入发展小组	■ 缺乏相关经验，但对分派的工作任务充满热情 ■ 善于接受知识并给出反馈 ■ 在当前工作岗位上不断成长并有出色的工作表现	■ 接受在职培训 ■ 接受经理和同行的指导 ■ 参与该向发展计划和其他必要的培训项目	在本地制订计划和后续改进计划。绩效改进计划、N+1 和人力资源业务伙伴负责执行发展计划
问题员工	是指那些目前工作表现与期望或职位要求相悖的员工，或者是那些些行为举止与公司的价值观不符的员工，同样要对这些员工的职位加以考察（可能岗位需求和个人能力和目标不匹配）	■ 规避职责或将职责推卸给他人 ■ 没有表现出成长和发展的愿望 ■ 抵制变革和承担额外职责 ■ 未能满足工作要求和目标	■ 评估绩效 / 行动上出现的问题并给予反馈 ■ 执行绩效改进计划以提高当前职位所需的相关工作能力 ■ 在 6 个月的时间内调任到其他更为适合的岗位 ■ 寻找其他替代人选	

且运用专业能力完成工作。这类人喜欢研究自己的领域，专心做自己的工作，但不喜欢做管理工作。因此他们的发展行动就不是做团队管理者，而是让他们有机会接受教育，对外开办讲座、发表论文，对内培训同事，转化和传播知识。

3. 贡献者，是指大多数在工作要求和贡献方面能够满足或超出期望的员工。他们在目前的工作岗位上表现出色并能不断取得进步，可以在组织内部横向发展。

4. 新晋员工，是指新进入公司或刚到新岗位履职的员工。由于这些员工的工作时间相对较短，因此 HRBP 还无法评估他们的工作绩效或潜在能力。HRBP 应当在下一个人才周期将他们放入发展小组。

5. 问题员工，是指那些目前工作表现偏离期望或职位要求的员工，或者是那些行为举止与公司的价值观不符的员工。

二、发展小组的作用

HRBP 在发展小组中匹配员工的发展定位的作用如下。

■ 令组织的人才通道变得更加清晰。

■ 更有针对性地推动职位继任计划，如果一名员工所在的发展小组属于快速发展行列，他的职业继任计划就会做得更快一些；如果某员工属于核心贡献者，他的职业继任计划就会慢一些。

■ 更好地推动组织发展活动。HRBP 应该知道组织在未来的发展过程中，需要哪种类型的人才，从而确保公司有足够的后备人才来支撑组织接下来的发展策略。

■ 支持绩效考核工作和执行绩效改进计划。分组后，HRBP 可以根据这类人的特点有针对性地制定绩效考核指标，这样可以让考核或绩效管理工作更加高效。同时，HRBP 可以帮助员工接受发展和职业化培训，因为不同的小组的培训方式或课程内容都是不一样的，这也是分类的好处之一。

■ 保持绩效反馈工作的一致性和连贯性，帮助员工制定个人发展和职业培训规划。

人才管理是一个持续的过程，分类方法和人才分组都不是一成不变的，HRBP 应对发展小组的归属关系进行经常性的调整，也就是说某位员工今年是高潜人才，并不代表未来的每一年他都是高潜人才。这就是组织每年都要进行人才盘点的主要原因。例如，某位员工在他现在的岗位上表现非常好、绩效高且有潜力，于是管理者把他提升到了一个更高一级的岗位上，这时这名员工就需要有一定的适应期，也许他并不能马上做出很大的贡献，甚至有可能会因为不适应岗位而出现绩效下滑的情况，这样就会导致在第二年的人才评估中，他不再是高潜人才而变成了普通员工。

第四节　区分绩效和潜力，发现高潜人才

如何正确区分绩效和潜力一直是人力资源管理者面对的一大挑战。正确区分这两者就意味着组织拥有了更明智的职位继任者和有针对性的差异化发展方法。

当年的工作绩效和未来的发展潜力仅在一定程度上有所关联，那就是工作表现出色的员工不一定有突出的潜力，但是有突出潜力的人才通常会成为表现优异的员工。

一、何谓潜力

现在很多公司都在用图 5-2 所示的模型来定义潜力，也就是说，一个人的潜力是由他的能力、工作投入程度和抱负组成的。如果一个人能力强、工作很投入，同时有很高的工作抱负，HR就可以将其定义为高潜人才。

所谓能力，就是指该员工具备的各种专业技能和个人素养。

在工作投入中，有一个关键词叫"承诺"，也就是说，具备潜力的人如果对公司没有忠诚度，他也不能被认为是公司的高潜人才。

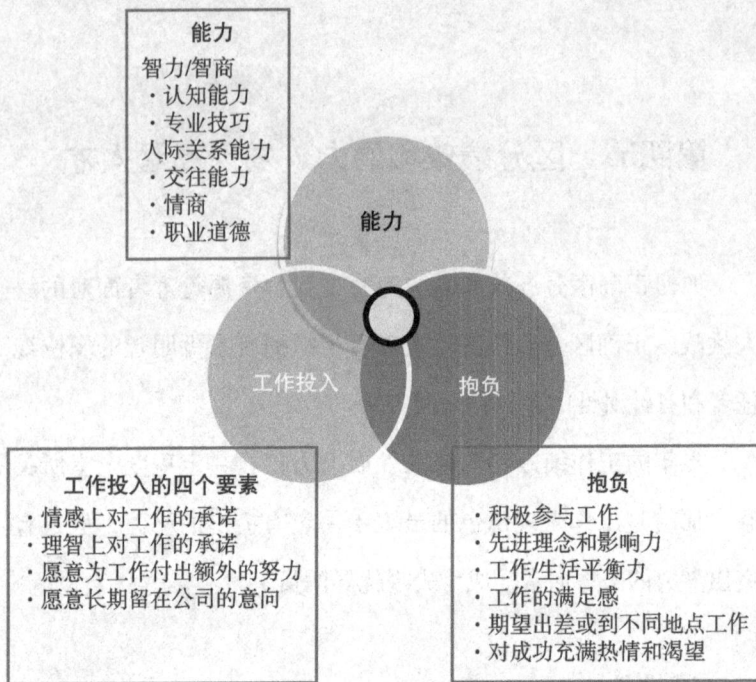

能力
智力/智商
·认知能力
·专业技巧
人际关系能力
·交往能力
·情商
·职业道德

能力

工作投入

抱负

工作投入的四个要素
·情感上对工作的承诺
·理智上对工作的承诺
·愿意为工作付出额外的努力
·愿意长期留在公司的意向

抱负
·积极参与工作
·先进理念和影响力
·工作/生活平衡力
·工作的满足感
·期望出差或到不同地点工作
·对成功充满热情和渴望

图 5-2 潜力的构成模型

　　抱负是指一个人对自己的职业发展或职业未来是否有一个远大的、明确的目标，同时他能够为了这个未来而努力奋斗。

　　HRBP 通常会用上述三个标准评估团队内部的高潜人才，如果某员工同时具备这三个标准，HRBP 就可以将其定为高潜人才；如果某员工只是能力不足，还可以培养，如果是抱负不足，就需要花费时间培养，并需要员工自身的思维转变，此时 HRBP 可以考虑把这名员工当作可塑性人才来培养。

二、绩效和潜力矩阵

在图 5-3 所示的矩阵里，横坐标表示潜力，从左往右是从低到高，纵坐标表示绩效，从下往上是从低到高。在这个九宫格里，我们以几个最极端的格子为例解读一下。如 9 号格，意味着这个人潜力很高、绩效很好，HRBP 会把这类员工定义为高潜人才。1 号格就是另外一个极端，这个人既无潜力也无绩效，有可能就是组织的问题员工。3 号格代表的是员工有很高的潜力，但绩效并不好，通常是一些新员工或新转岗、新晋升的员工。7 号格代表的是绩效很好、潜力不足的员工，通常是一些核心贡献者，这些员工能够长期保持稳定的绩效表现，但是由于阅历、知识等方面限制未能持续学习。

通过这样一个九宫格，HRBP 特别容易区分出不同员工的人才属性，并把他们归类到不同的发展小组中。

从正态分布的角度讲，公司中的大多数员工都在 5 号格里。HRBP 要将这个比例维持在一个比较合理的状态，由于不同公司的发展情况不同，因此每家公司的发展小组人数的比例也是不一样的。例如，一家初创公司需要更多的 9 号格的人，在一家平稳发展的公司里，7 号格的员工就会特别多。因此，HRBP 要注意区分组织对人才需求的比例，制定出合理的目标，这样 HRBP 就能够知道组织还需要哪种类型的人才，需要的数量是

	低	中 潜力	高 →
高	**7** 经常取得优异成绩和较高的绩效评分。熟悉当前工作。非常适合当前职位	**8** 经常取得优异成绩。熟悉当前工作，自发提高技能。适应新环境	**9** 出色绩效和高潜力的典范。能够承担新领域内的重大工作任务并进入新的岗位。要求组织提供职业发展机会
中	**4** 经常达到工作期望值。在已知职位/环境中的工作效率较高	**5** 经常达到工作期望值。熟悉当前工作并能适时提高技能。对新环境具有中度适应性	**6** 经常达到工作期望值。熟悉当前工作并能适时提高技能。能够承担不同的新任务
低	**1** 不能如愿取得成果。需要行动计划来解决绩效问题。可能需要重新划分范围或进行重新任命	**2** 由于技能和知识的欠缺而无法稳定取得成果。可能正处于学习过程之中。预计今后会获得成功	**3** 无论是在新岗位还是更高的职位均尚未展现绩效。以前有过优异绩效，具有高度的参与热情

绩效

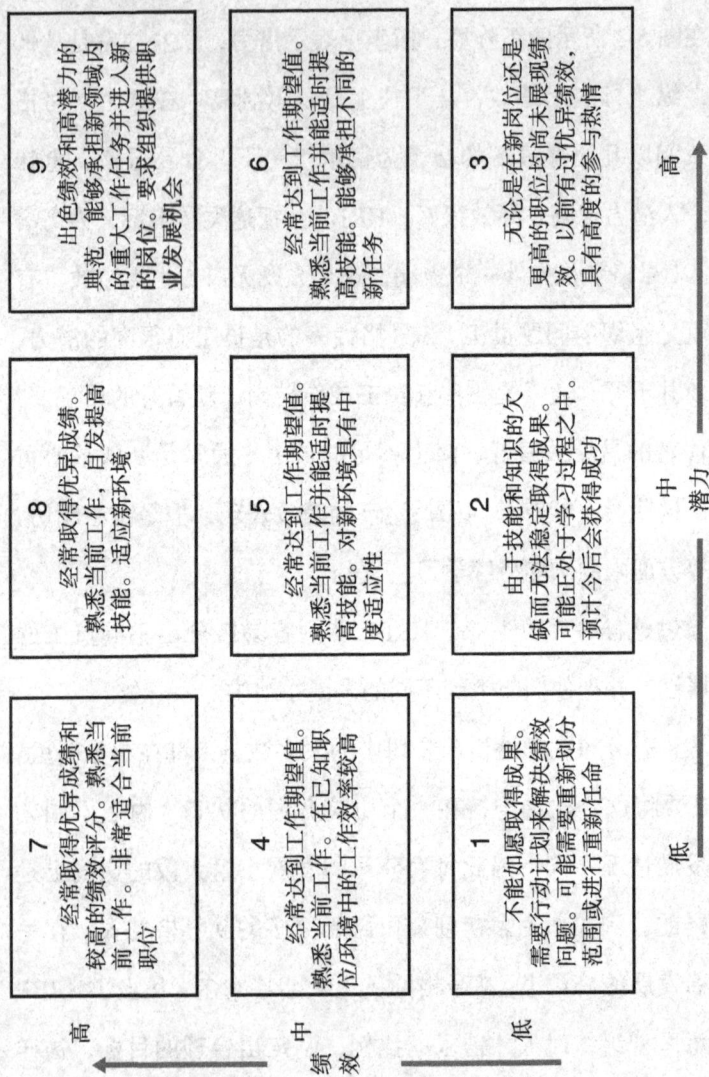

图 5-3　绩效和潜力矩阵

多少。

这个矩阵是帮助 HRBP 提高员工潜力分析准确性的有效工具，HRBP 利用这个工具可以为每位员工制订具体的发展计划。

三、能力分类模型

做好人才分类后，HRBP 需要知道如何帮助员工成长。HRBP 可以从以下三个角度提升员工的能力。

1. 技术能力，包括工作岗位要求的技术、知识和技能。以招聘专员为例，他的技术能力就是面试技巧。

2. 专业能力，是指达到工作目标需要具备的通用技能。招聘专员的专业能力是指沟通能力、谈判能力等，这些也可以统称为通用技能。

3. 领导能力，是指员工在带团队方面是否符合领导力的四个标准，即引领改变、目标达成、未来导向和人员管理。

进行能力分类的目的是让 HRBP 明确员工到底需要提升哪个方面的能力，从而有针对性地为其安排培训课程。

例如，招聘专员需要提升面试技巧，HRBP 可以通过以下方式提高他这方面的能力。招聘专员把 70% 的精力用于多参与一些面试，在面试的过程中提升面试技能；将 20% 的精力用于通过各种方式向面试能力比较强的招聘经理学习；将 10% 的精力用于参加招聘技巧培训。经过一段时间的努力，这位招聘专员的面试技巧就会有一个明显的提高。

如图 5-4 所示，70% 的能力可以在工作中学习，那些从业多年的人的核心竞争力就是从实际操作中学习和打磨出来的，所以在工作中，学习是一个实践出真知、实践得能力的重要渠道。

20% 的能力需要向别人学习。很多公司施行的导师制或伙伴计划就非常重要。

只有 10% 的能力是从课堂中学来的。这一部分之所以比例这么低，是因为学习理论知识只是一个基础，一个人要想将技能变成自己的能力，需要在工作中练习。当然，培训也是有必要的，HRBP 可以将培训当作一种启发或普及的手段。

第五节　建设人才梯队

所谓人才梯队管理，就是指 HRBP 要知道公司有多少个关键岗位，在这些岗位上有多少岗位是有继任者的，哪些岗位没有合适的候选人，同时判断现有员工中哪些人属于高潜员工，这些高潜员工或高素质员工是否符合组织发展的需要。HRBP 还例如：
- [ ] 向经理或其他领导层学习
- [ ] 有一个事业上的导师
- [ ] 承担更大团队的管理职责
- [ ] 与重要的外部专家保持互动和合作
- [ ] 有机会向管理层汇报工作进展并听取反馈

例如：
- [ ] 具体商务知识和技术能力的课堂学习
- [ ] 具体商务知识和技术能力的在线学习
- [ ] 考取并学习MBA或其他学术学位
- [ ] 参加相关的管理培训
- [ ] 参加与工作相关的内部或外部交流会议
- [ ] 阅读相关书籍，收听相关讲座

例如：
- [ ] 通过多做、研究目前工作所需要的技术能力
- [ ] 跨业务、跨智能的工作调动
- [ ] 担任一个跨职能部门合作项目领导角色的工作
- [ ] 承担更广泛的工作职责
- [ ] 更多参与和客户的会议
- [ ] 负责管理更大的或和以往不一样的客户
- [ ] 同时管理更多项目
- [ ] 改进目前岗位的工作方式
- [ ] 一条龙管理和负责一个项目，而不是只负责其中一部分
- [ ] 承担更大预算的项目或职责
- [ ] 协助专家工作

70% 在工作中学习

20% 向别人学习

10% 正式的学习形式

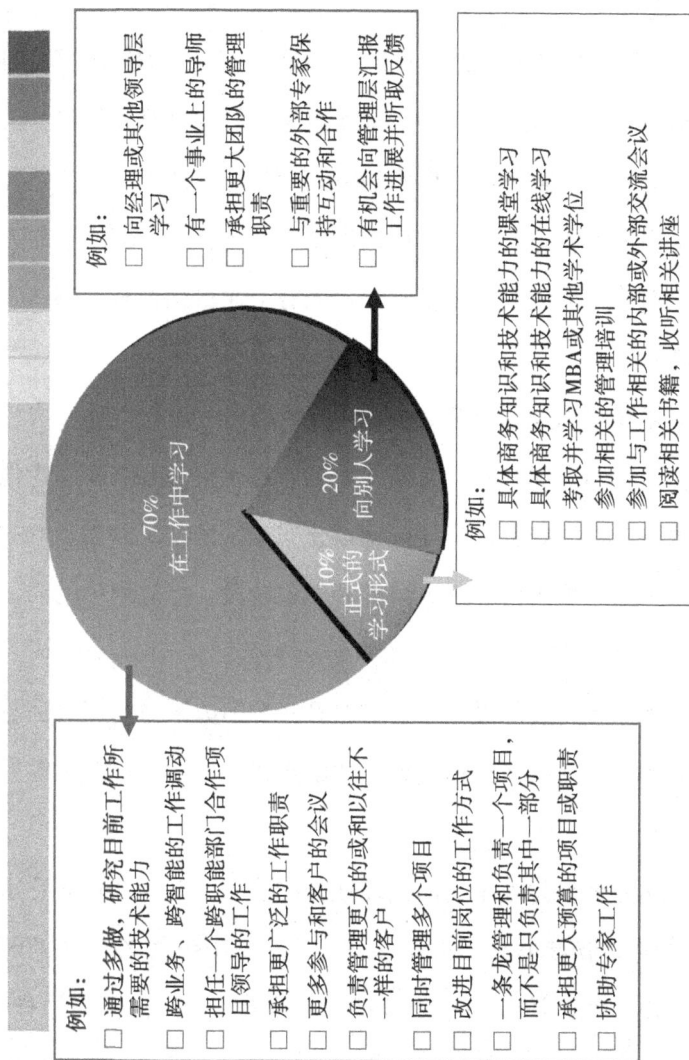

图 5-4　提升能力的三种方式

要知道所有员工是否都有发展计划，确保所有员工都能成长为公司需要的类型。

人才管理中最重要的一个方面就是价值输出，HRBP 可以将上述信息用于部门会议，用于沟通组织发展的战略和策略，甚至在招聘规划上都有可能用到这些信息和分析结果。

做好了人才管理工作，HRBP 就可以判断关键岗位上的人岗匹配情况，从流程的角度看哪些人有可能得到晋升，哪些人需要培养。

人才盘点工作完成后，HRBP 需要和员工进行沟通，告诉他们下一步的发展计划。其实，员工非常希望 HRBP 能够为他们提供一个发展路径，让他们知道公司未来的发展方向。双方达成共识后，员工就要进入培养和发展阶段，把规划中的内容付诸于行动。

在培训和发展的过程中，当 HRBP 看到员工在业绩方面有了明显的提升时，就可以进行人才的选拔，特别是针对关键岗位人才的选拔。

上述五个步骤处于不断循环往复的状态，并不是在某一个固定的时间节点上开展哪个步骤，而是 HRBP 按照以往的经验将工作不间断滚动的一个过程（如图 5-5 所示）。只有这样，HRBP 才能保证员工各方面的状态、组织人才规划能够与企业经营策略相匹配。

人才梯队管理

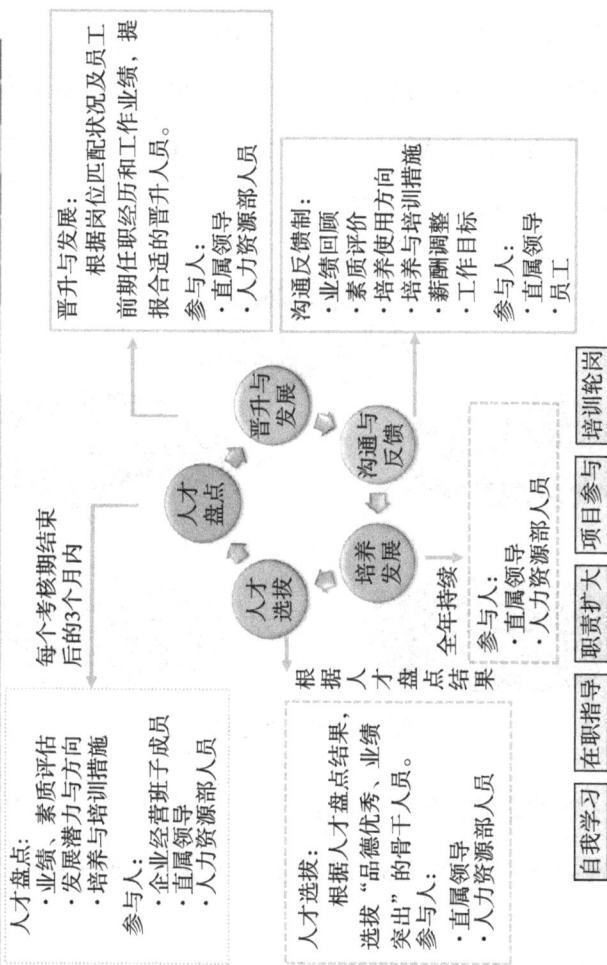

人才盘点：
<u>业绩</u>、<u>素质评估</u>、
<u>发展潜力与方向</u>、
<u>培养与培训措施</u>

参与人：
企业经营班子成员
直属领导
人力资源部人员

人才选拔：
根据人才盘点结果，
选拔"品德优秀、业绩
突出"的骨干人员。

参与人：
直属领导
人力资源部人员

根据人才盘点结果

晋升与发展：
根据在职经历和工作业绩，前
期任职匹配状况及员工
报告适的晋升人员。

参与人：
直属领导
人力资源部人员

沟通反馈回顾：
<u>业绩评价</u>
<u>素质评价</u>
<u>培养使用方向</u>
<u>培养与培训措施调整</u>
<u>薪酬调整</u>
<u>工作目标</u>

参与人：
直属领导
员工

人才盘点　晋升与发展　沟通与反馈　人才选拔　培养发展

每个考核期结束后的3个月内

全年持续

参与人：
直属领导
人力资源部人员

自我学习　在职指导　职责扩大　项目参与　培训轮岗

图 5-5　人才梯队管理五步骤

123

HRBP 在开展人才梯队管理时，首先要确定关键职位，然后评估关键职位现在和将来对人才的需求，确认和验证相关的候选人，帮助继任者成长以承担关键职位的职责，再把继任者放到相关的岗位上。这就是一个简单的继任者计划的流程，继任者计划的流程和人才管理的流程是相辅相成的，两者也是同时进行的。具体如图 5-6 所示。

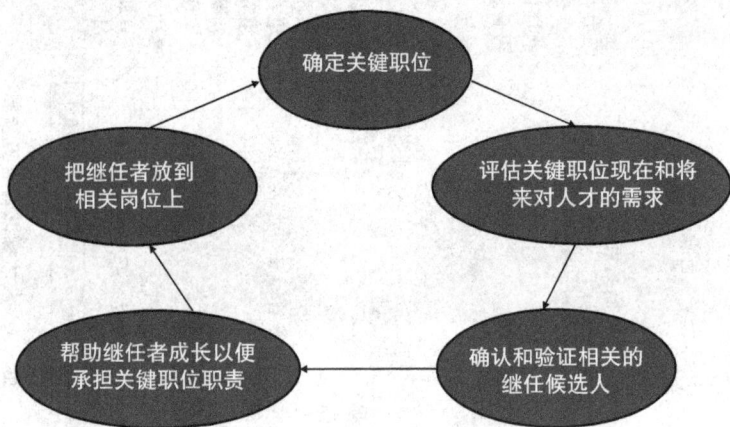

图 5-6　继任者计划流程

HRBP 需要结合自己所在公司的方针政策及管理理念，根据公司需求、人才管理的目标调整人才盘点和梯队建设的工具。

第六章

激励员工，提升
团队绩效

HR

HRBP

　　HR 在实际工作中会发现，公司内部的许多员工具备很强的能力，但是他们的绩效表现却并不突出。究其原因，很有可能是动力不足。因为，**绩效 = 能力 × 动力**。

　　员工的能力和动力的关系类似于跑车的发动机与汽油。跑车的发动机性能再强大，如果没有汽油它也跑不起来，汽油就等同于它的动力，动力越强，这辆跑车就跑得越快。在员工管理层面，动力就代表了激励，很多时候企业管理者和 HRBP 习惯于讨论一名员工的能力有多强，然后默认这名员工一定会有特别好的工作表现或业绩。其实不一定，能力和绩效有可能呈反比，关键要看这名员工发挥的是正向能力还是反向能力。正向能力强的人，他的破坏力也很强。同时，他的快速启动能力强，他的快速冷却能力也很强。在这种情况下，HRBP 如何给员工施加动力就显得非常重要了。随着动力的提升，绩效会呈现一个指数级的上升态势。员工的能力需要经过一段时间的培训才能提升，动力则不然，HRBP 在短时间内给员工一个有效的激励，就可以促使员工的绩效实现飞速的提升，由此可见激励的重要性。

第一节　激励的理念和原则

激励可以作为提升员工绩效的一个重要工具，它比培训更有效，因为激励相对于培训的绩效提升效果会更加"短平快"。

HRBP 在激励员工的时候要知道他们的痛点，然后有针对性地开展一些工作。有研究结果显示，员工大多具备以下八种欲望。

一、活动欲

每个人都有特别想表现自己的时候，就像小孩在得到一个新的玩具时，总喜欢拿出来炫耀一下，所以人的天性就是好表现。这是一种很原始的欲望，叫作"活动欲"。基于这种本能，HRBP 在激励员工的时候，要刻意为员工提供表现的机会，让他们更有动力去努力工作。

二、归属欲

无论在工作中还是生活中，每个人都希望自己能够有个依靠。例如，员工在某家知名公司就职，他在外面参加活动作自我介绍的时候就会觉得特别有面子；或者员工有一个非常支持他的平台，他在这个组织里能够感受到温暖和支持，这就叫"归属的欲望"。

三、权力欲

人都希望自己能够进步，在职场中获得更高层级的发展，尤其是高潜人才。这种欲望被简称为权力欲。

四、亲近欲

有位管理专家说过，衡量你的权力有多大，就看你离管理中心的距离有多近。员工都希望自己能离管理中心更近一点，这就是亲近欲。

五、能力欲

很多人都希望能够在别人面前展示自己，以证明自己是一个很有能力的人。这种现象通常出现在公司里，当某个员工做了一件出色的事情时，他特别希望能够听到别人的赞美和肯定，以此证明自己的能力强。

六、成就欲

这个欲望和第五点能力欲很像,除了让别人感觉到自己的能力很强以外,员工还希望自己能够得到很多人的认可。这种认可既包括领奖,也包括被公开表扬。成就与能力的区别在于,能力是指自身实力的强大,而成就是指员工完成了某件事情,特指这件事情有多重要、影响力有多大。

七、认可欲

每个人都希望自己能够得到别人的认可,特别是得到管理层的认可,希望自己的优点能够被他人看到和欣赏,这就是认可欲。

八、信仰

这里所说的信仰是广义的信仰,它指的是一些人在某些方面有自己的习惯或信念,如有的员工特别喜欢打篮球,有的人侧重于照顾家庭。这些习惯一旦得到满足,他们就会觉得特别有动力。

第二节　激励的方法

了解了上述八种欲望后，HRBP 可以通过以下一些方法有针对性地激励员工。

一、榜样的激励

无论是 HRBP 还是用人部门的主管，都需要让员工看到你是有热情、有信心完成本职工作的，这是一种工作态度和对目标的执着。以下几个方面可以表现出 HRBP 的工作态度。

1. 用自己的热情点燃员工的热情

只要管理层能表现出积极的工作状态，员工就会上行下效，更加努力地工作。因此，管理者和 HRBP 首先要点燃自己的工作热情。

2. "把手弄脏"可以激励每一个员工

"把手弄脏"的意思是，优秀的管理者应该能够干脏活、累活，以自身的行动影响员工。

📑 **案例**

欧莱雅公司有一个不成文的口号是"诗人＋农民"，意思是在公司里员工既要有诗人浪漫诗意的一面，也要有农民踏实肯干的一面，管理层也不例外。所以，在欧莱雅公司经常可以看到管理者刚从光鲜亮丽的舞台上走下来，马上就撸起袖子做表格、写 PPT、搬桶装水。管理者的这些举动具有非常明显的激励作用。

3. 在员工队伍中树立榜样人物，HRBP 要学会讲故事

管理者还要给员工树立一些榜样人物，让员工向榜样人物学习。在树立成功典范的时候，HRBP 要学会讲故事。在故事的开头，要列举榜样人物面临的诸多困难，讲述榜样人物如何倾尽全力，最终获得了成功。同时还要告诉员工，这个榜样人物获得成功离不开很多人的协助和配合。

二、目标的激励

很多公司在经营活动中都会为员工设定目标，HRBP 在设定目标的时候要把握以下三个比较重要的原则。

1. 设定适当的目标，让员工"跳一跳、够得着"

管理者在为员工设定目标时要坚持"跳一跳、够得着"的原则，不能将目标设得太低，如果目标太低员工很容易就能达到，不利于员工发挥潜能；如果目标设得太高，可能会让员工产生畏难情绪，对完成目标失去信心。HRBP 在帮助部门及员工设定目标的时候，要针对每个员工完成工作的历史数据开展分析，确保大家"跳一跳"就可以够到目标。另外，目标一定要具体、量化。

2. 制定目标要清晰、易于理解

笔者在帮助一些民企做项目时，发现很多民企老板在和下属沟通想法与目标时会出现表述不清的情况，这就会让下属听完感觉云里雾里的。如果员工不能准确地了解目标，不知道自己的努力方向，这个目标的可达性就可想而知了。

3. 平衡长期目标和短期任务，制定阶段性目标，让员工更有成就感

管理者和 HRBP 在为员工设定目标的时候，要尽量平衡好长期目标和短期任务，也就是说把目标分解成长期和短期两种。员工在完成长期目标的过程中，可以逐步完成一些阶段性的目标，这样员工就会产生一种满足感和成就感，感到自己在不断进步和成长，从而更利于长期目标的完成。

🖹 **案例**

　　阿里巴巴公司采用了多种方式将员工的工作意愿从"要员工干"转变为"员工想干"。它是怎么做到的呢？很简单，就是让员工自主设定工作目标和衡量标准，并逐级上报确认。

　　主管或经理先让员工设定工作目标，上级主管再根据每个员工设定的目标做整合，汇报给总监，总监评估后汇报给副总裁，副总裁整合后汇报给总裁。在这一过程中，如果某一层级对一些不合理的目标产生疑问，经过沟通后可以重新设定目标。

　　阿里巴巴公司设定目标的过程对主管的要求比较高，但效果比较好。管理者通过逐级审核的目标设定方式可以做到以下几点：

- 判断下属是否真正清楚工作的重点；
- 了解下属对达成目标的信心；
- 培养员工的主人翁意识。

　　这个过程可能会出现设定目标不靠谱、不合理的情况，所以在目标设定的过程中，上下级要进行一对一的沟通，做到及时反馈。具体过程可参考 SMART 原则，在此不作赘述。

　　天使投资人王刚在阿里巴巴公司做主管的时候总结了一个非常有用的激励方式。他把员工按照能力和意愿分成四个类型，分别为能力强意愿强、能力弱意愿强、能力强意愿弱、能力弱意愿弱。

● 能力强意愿强：这类员工是团队的顶梁柱，对这类员工设定的目标，管理层主要把握方向，不调整目标。

● 能力弱意愿强：通常这类员工设定的目标会比较高，管理层要将目标稍微降一降。

● 能力强意愿弱：通常这类员工设定的目标会比较低，管理层要将目标往上调一调。

● 能力弱意愿弱：对于这类员工，就看主管的想法了——是继续培养还是换人。管理层对这类员工的处理要做到丑话说在前，而不是秋后算账。

三、授权的激励

授权的激励源于权力欲，主要是针对员工对权力的痛点而作出的。

1. 用"地位感"调动员工的积极性，领导要在公开场合交代重要任务

管理者在授权的时候，要给予员工一种地位感。例如，管理者在开会的时候宣布授予某个员工一项很重要的工作，这个工作可能会涉及更多的资源，也可能是很多人关注的工作成果。

接受这项工作的员工的地位感就会立刻上升，他会觉得领导将这么重要的职责交给自己，是对自己工作能力的认可。

2."重要任务"更能激发员工的工作热情

当管理者交给某个员工一项重要任务时，员工会觉得更有工作热情了。当然，所谓的"重要任务"是相对而言的，不同的岗位、不同的人对"重要任务"的定义不一样。只要员工接到一件自认为很重要的工作，或是对公司来讲很重要的工作，他们就会产生满足感，从而激发出自己的工作热情。

3. 在授权的对象上要精挑细选、慎重授权

不是每个员工都可以被授权。管理者在授权前应该做到精挑细选，对一些做事不够细致的员工或能力欠缺的员工，管理者要慎重授权。

📑 案例

海底捞公司创始人张勇说："在财务上，我充分授权，没有资金需要我审批，财务总监就是最后一道坎。用人不疑、疑人不用，就是我的原则。海底捞每年要花十亿元，平均到每天的资金吞吐量有多大呢？我如果事必躬亲会累死的。在海底捞，从管理层到普通员工都拥有超过一般餐饮店员工能得到的权力：200 万元以下的开支，副总可以签字；100 万元以下的开支，大

区经理可以审批；30万元以下的开支，各个分店的店长就可以做主。就连普通的一线员工，也拥有一定的权限：他们可以赠送客人水果盘或零食；如果客人提出不满，他们还可以直接打折，甚至免单。"

这样的授权并不会导致权力被滥用。相反，它至少会带来两点好处：第一，员工能够行使一定的权力，这会让他们感到自己也是企业中的一员，能够在一定程度上"当家"做主，员工就会站在企业的角度考虑问题；第二，员工很清楚这不是自己的权力，而是被授予的权力，他们会谨慎地使用权力。

四、沟通的激励

沟通是工作中最常见的行为之一。之所以把沟通当作激励的方法，是因为每个人都希望在开心或不开心的时候能有一个倾诉的对象，HRBP就可以扮演这样一个角色。沟通是一个很大的范畴，在此只介绍以下三点。

1. 善于寻找沟通的"切入点"——时间和时机

HRBP在与员工沟通前，首先要做的就是找到沟通的切入点，也就是沟通的时间和时机。HRBP在发现员工不开心或很开心的时候，都可以抓住机会与之进行沟通。

2. 正确对待并妥善处理抱怨，讲究沟通的艺术和技巧，听出抱怨的动机

员工在日常工作中产生抱怨是一件很正常的事情，HRBP在处理员工抱怨时要掌握沟通的技巧，给员工充分的倾诉机会。如果员工主动向 HRBP 抱怨某件事，也许他并不是真的很在乎这件事，也不是想寻求解决方案，他可能只是想找个人说说话而已。所以 HRBP 除了听内容，还要听出员工的情绪和动机，这也是 HRBP 需要具备的重要技能。

3. 引导员工之间充分展开沟通，HRBP 要创造沟通的机会，给员工足够的信任

HRBP 要学会引导员工去充分沟通。在繁忙的工作中，管理者与下属之间或者员工之间，沟通的时间是远远不够的，当HRBP 发现员工之间缺乏沟通的时间时，应该主动创造机会，促使他们开展有效沟通，这是 HRBP 很重要的一项工作。这个工作看起来微不足道，却可以造福整个组织。上下级之间的和谐关系主要来自信任，信任则源于日常工作中的及时沟通和充分表达；如果没有沟通，信任就无从谈起。

案例

艾森豪威尔是第二次世界大战时的盟军统帅。有一次，他看见一个士兵从早到晚一直挖壕沟，就走过去对他说："大兵，现在日子过得还好吧？"士兵一看是将军，敬礼之后说："这哪里是人过的日子啊！我在这边没日没夜地挖壕沟。"艾森豪威尔说："我想也是。你上来，我们走一走。"艾森豪威尔就带他在那个营区里绕了一圈，告诉他当自己肩膀上挂了几颗星以后，还被参谋长骂得难受，打仗前一天晚上睡不着觉的压力，以及对前途的迷惘。

最后，艾森豪威尔对士兵说："我们两个一样，不要看你在坑里面、我在帐篷里面，其实谁的痛苦大还不一定呢，也许你还没死的时候，我就活活地被压力给压死了。"当他们又绕到那个坑的附近时，士兵说："将军，我还是继续挖壕沟吧！"

这个故事说明，沟通就是一种激励。管理者在治理公司的过程中，下属一般不太知道管理者在忙什么，也不知道他在想什么。尤其是那些采用隔间分离工位的公司，主管应该常常出来走动，哪怕只有十分钟，对下属都会产生非常大的影响。在管理学上这叫"走动管理"。管理者与员工之间经常性的沟通就是一种激励。

五、宽容的激励

当管理者看到下属做错事，或者给公司带来一些不好的后果时，管理者确实很难做到宽容。而管理好自己的情绪，恰恰是 HRBP 或管理者的第一项修炼。

1. 得理而饶人更易征服下属

很多管理者喜欢揪着员工的小辫子不放或秋后算账，觉得自己能记住很多细节，非常厉害。其实不然，当下属已经意识到自己的问题或错误时，如果管理者能够采取包容和原谅的态度，员工就会更容易接受批评并改正。员工在改变自身习惯的过程中需要一点时间，管理者则需要多一点耐心和理解。

2. 允许失败就等于鼓励创新

在一些需要创新的岗位上，管理者要允许员工失败。没有创新的事物是不存在风险的，但是企业也不会向前发展。

3. 要能容人之短、用人所长

管理者要学会容人之短、用人所长，重点发挥员工的长项，尽可能放大他的优势，充分利用他的优势为组织服务。当一个人做自己最擅长的事情时，他会感到得心应手，工作表现也会很好，进而带动整个团队提升绩效。

案例

小华大学毕业后的第一份正式工作是旅游顾问，主要向客户销售境外海岛游等相关线路。经过三天的入职培训后，她正式上岗了。因为没有接触过这个行业，也没有从业经历，小华的客户资源几乎为零。虽然偶尔有客户问价，但最后都是不了了之。半个月以来，在公司每天的业绩排名中，都是小华垫底，她感到焦虑不安。

一次，有位客户问了马尔代夫的线路，让小华做个报价发过去，如果价格合适，他当天就签单。小华感到特别兴奋，顾不上吃午饭，就埋头做报价，做完报价后小华直接发给了客户。下午客户就给小华打电话，找她签单。就在准备合同的时候，小华忽然发现自己算错了报价。客户出游的那几天正好赶上节假日，节假日期间的费用比平时要高，小华少算了几百美元，折合人民币为三千多元。

小华吞吞吐吐地告诉客户报价有误，客户则坚持按原来的价格走，丝毫没有商量的余地。小华当时的月薪才两千多元，思前想后，她把这件事告诉了领导。没想到，领导并没有责骂她，也没有让小华自己出钱补差价，反而安慰她别害怕。领导与客户经过沟通，按最初的报价与客户签约，由公司补差价。

事后，领导告诉小华：以后做报价的时候要仔细点，不要再犯类似的错误，也不要因为这件事给自己太大的心理压力。

小华非常感激领导，工作更加认真努力了，现在她每个月的业绩都稳居公司前三名。虽然旅游行业的人员流失率比较高，但小华已经在公司工作快四年了，因为她始终感恩公司领导对她的培养和宽容。

对员工来说，管理者在其失败时向他们伸出的一只手，比在他们成功时用两只手拍出的掌声更容易让他们感动。关怀和宽容员工，是最具性价比的激励方式。

六、赞美的激励

在各种培训课中，培训师经常会带领大家做一个互相赞美的小游戏。做完这个游戏之后所有人都会觉得很开心，赞美就是一个在短时间内让别人获得心灵愉悦的重要方法。当然，赞美也要讲究艺术。

1. 摆脱偏见，使赞美公平公正

很多管理者或 HR 会习惯性地认为，某些事情太小了，没必要为此特意表扬员工，其实越小的事情越应该表扬，越应该给予认可，这样可以让员工感受到心理上的愉悦，更能激发员工的工作热情。

2. 赞美到点子上才会有良好的效果

赞美的关键是夸到点子上。赞美不能泛泛而谈。如果管理者总对员工说"好样的""干得好"，次数多了就起不到激励的作用了。要使赞美变得更有效果，管理者可以这样说："你刚刚与客户的眼神交流特别好，如果你能够继续保持这种眼神交流的话，我相信客户与你的关系一定会更好。"如此一来，员工就知道他为什么得到赞美，以后与客户交流时就会重复那个被赞美的眼神。

七、情感的激励

情感的激励和情怀有一定的关系，很多创业型公司的老板很讲究情怀。

1. 你要"够意思"，别人才能"够意思"

当我们想用一种情感去感动别人的时候，我们首先要看看自己是否具备这样的情感，包括在筹备员工团建等活动或者展望公司未来的发展时，HRBP 是不是能够表现出充沛的情感。

2. 不可放过雪中送炭的机会

当员工的状态处于低谷期时，HRBP 要主动帮助他，这就是一种情感的激励。人在最脆弱的时候特别容易接受别人伸过来的"橄榄枝"，这也就是前面提到的沟通切入点。

3. 付出一点感情，注意一些小事

人力资源工作由各种各样的细节组成。HRBP 应注意与员工

打交道的每个细节，如和员工说话的态度、开玩笑的尺度，甚至就餐礼仪等。虽然这都是一些小事，但是员工通过这些小事就能够看出 HRBP 对自己有没有投入情感。这也是一种能够让员工感受到激励的方法。

📖 案例

日本麦当劳汉堡庄的创始人藤田田著有一本畅销书，名为《我是最会赚钱的人》。他将其所有投资进行分类，用于研究投资回报率，发现感情投资在所有的投资中花费最少，回报率最高。他本人就是一个善于感情投资的人。

藤田田每年向一家医院支付一大笔钱，用作公司员工治病的基金。当员工或家属生病、发生意外时，可立刻住院接受治疗。即使他们在星期天患了急病，也能马上被送入指定的医院，避免多次转院途中因来不及施救而失去生命。

有人问藤田田，如果他的员工连续几年都没有生病，这笔钱岂不是白花了？藤田田回答："只要能让员工安心工作，对我来说就不亏。"

八、竞争的激励

利用竞争激励员工是一门艺术。管理者和 HRBP 需要认真领悟，学习具体的使用技巧。

1. 鲶鱼效应

HRBP 可以将一条"鲶鱼"放入组织中，无论这条"鲶鱼"是从组织外部引入的还是从组织内部提拔的，无论这条"鲶鱼"与团队是否般配，这些都不重要，关键是它能不能达到目的。

2. 偶尔在工作中打个赌

HRBP 在和员工聊天的时候，可以利用他渴望成功的欲望，和他打个赌，"赌"他能做成某件事或做不成，这也是一种竞争的激励。当然，这种竞争的激励可以是正式的，也可以是非正式的，目的就是让员工之间形成一种良性竞争的态势。

3. 用"危机"激活团队的潜力

HRBP 要让员工看到组织现存的危机，也就是让员工具有一定的危机意识和忧患意识。这样能够激发员工的积极性，让大家知道公司正在面临一个非常大的挑战，这个挑战会影响到每个人，因此每个员工都要承担起这个重担。危机往往可以激发员工的潜力，既可以激励自己，也能够激励别人。

📖 **案例**

美国连锁零售商塔吉特（Target）
通过一款游戏激励收银员提升工作绩效

塔吉特超市的收银员看似和其他超市的收银员没有什么区别，但他们的结账速度却是其他超市收银员的 5 ~ 7 倍。奥妙之处在于，该超市设计了一种游戏，让收银员每结完一单都能从电脑屏幕上看到自己的结账时间在所有收银员中的排名，排名与当日奖金挂钩，日清日毕。

竞争排名也是在增加挑战性，只不过具有挑战性的不是工作本身，而是这个名次。对企业而言，这就是成长性的职业发展。

例如，盛大公司在企业内部推行经验值管理模式以后，员工像游戏中的人物一样，每个人均有其相应的初级职级和经验值，他们通过"练级"提升经验值，级别到了就会自动获得晋升或加薪的机会。

九、惩戒的激励

激励并不全是正向的，也包括惩罚在内。

1. 适时责罚以表明立场

HRBP 在采用惩戒这一方法时，要坚持一个原则，那就是惩戒一定要有效果。因为惩戒能够改进一个人的行为，但不能改变一个人的心态，只有欣赏和认可才能改变人的心态。惩罚只能表明 HRBP 的原则和立场，当员工做出了触及底线的事情时，HRBP 有必要采取惩罚的方式；只有让员工感觉到"痛"，他才能意识到这个事情的严重性。

2. 实施惩罚时不要打击面过大

HRBP 在实施惩罚激励法时，不要打击面过大，需要冷静，明确惩罚的对象和惩罚的力度。

3. 惩罚与"怀柔政策"相结合，更具有激励效果

惩罚与怀柔相结合也具备激励的作用，也就是刚柔并济。

十、薪酬的激励

薪酬具有一定的激励作用。薪酬激励的内容涵盖范围非常大，包括数据分析知识和心理学知识等。笔者只是从 HRBP 的角度出发，讲述以下三种薪酬激励方法。

1. 物质激励是个"强心剂"，要慎用

薪酬激励是一针"强心剂"，既有明显的效果，也有很强的

副作用，而且起作用的时间很有限，这种激励不会持续产生作用。无论是加薪还是发奖金，它起效的时间最多三个月，如果没有其他激励方式，被激励的员工很快就会回归原状。

2. 长期激励（期权等）与短期激励（奖金等）相结合，个性与共性相结合

HRBP 采用薪酬激励时一定要将长期激励与短期激励相结合。长期激励包括员工储蓄计划、期权等，短期激励包括项目奖金或福利等。另外就是共性与个性结合，每个人对金钱的重要性的看法不一样，这主要取决于其家庭环境、生活压力和工作状态等。HRBP 还要注重激励的公平性，薪酬是一个非常敏感的话题，如何在整体上确保薪酬的公平性，也就是个性与共性的结合，是一件非常重要的事。

3. 薪酬激励要考虑成本

薪酬激励中最重要的一点就是成本，HRBP 一定要紧扣业务目标，不能一味地满足员工对薪酬的要求而忽略了对成本的控制。员工做了多大的业务、做出了多大的成绩，公司给予他的薪酬激励要与贡献相匹配。HRBP 还要有投资的眼光，能够预测出某些员工将给公司带来很大的回报，在这种情况下，HRBP 可以从薪酬方面给他一些激励。

十一、其他方法

激励员工的方法还有很多，上文列举了一些与 HRBP 的工作相关或操作性比较强的方法，除此之外还有其他方法，包括尊重激励、信任激励、文化激励和团队激励等。

📖 **案例**

罗辑思维从来不对员工的工作时间进行管理，更多的是依靠员工进行自我管理，而自我管理很容易变成自我放纵，怎么解决这个问题呢？罗辑思维推出了"节操币"制度。每名员工每个月可以获得 10 张节操币，每张相当于 25 元。他们可以用这张节操币在公司周边的咖啡厅和饭馆消费，公司月底统一结账。

但是，员工不能自己使用节操币，必须赠送给"小伙伴"，而且要在公司里公示你为什么要把节操币送给他，说明具体原因。于是，节操币成了硬通货，每个月公司会公示当月的"节操王"。这种公开的赠予和公示，就是一种最好的认可。

每年收到节操币最多的"节操王"，到了年底会获得相当于三个月薪酬的奖励。每个人都能看到一个公开的数字，节操币的交易情况也反映了每个人与他人协作的水平。

很少收到节操币的人，一定是协作水平和意愿比较低的。

节操币是一张张真实的选票，是由全体员工根据同事每天的工作表现做出的评价。落后的人会自觉改善，或因巨大的压力而离开公司。

第三节　激励员工时应避免的错误

HRBP 在激励员工的时候要注意避免陷入一些误区或发生错误，具体有如下四点。

一、目标不明确

HRBP 要明确激励员工的目的，那就是提升团队绩效，而不是单纯用物质刺激员工。

二、多余的规则

HRBP 经常会给激励工作设定很多规则，也就是说激励是有条件的。那么 HRBP 就要注意了，一旦激励变得有条件，就会出现多余的规则，也就是一些没必要设计得那么细的规则。这样，员工就会觉得公司的激励动机不纯，并不是真正的激励，而是要变相增加任务量。

三、欺骗与虚伪

HRBP 对激励措施一定要说到做到，尤其是薪酬激励方式，管理者和 HRBP 要及时兑现承诺。

四、朝令夕改

所谓朝令夕改，就是 HRBP 今天说这样做对，明天又说这样做不对，今天说给员工这样的回报，明天又换成另一套说辞，这样做不仅会影响激励的效果，甚至会出现反效果。

第四节　激励的注意事项

一、激励应是不断提升目标、不断被满足的过程

激励是个上楼梯的过程，要有一个相对高度，所谓相对高度，就是要让员工感觉到现在比过去好，激励后比激励前好，只有员工看到了这个差距，激励才会产生效果。激励是一个细

水长流的过程，而且是一个人的欲望逐渐得到满足的过程。

二、做园丁而非木匠，要培养员工成长而不是用外力修正

HRBP 一定要用心激励员工。我们对比一下木匠与园丁的工作，读者就更容易理解激励措施了。木匠就是拿到一块木头，用刀把这块木头变成他想要的那个样子。而园丁呢？园丁不会硬要这朵花开花，而是在它成长的过程中，通过施肥、浇水、搭支架等方法，让这朵花能够按照园丁设定的方向成长。HRBP 在激励员工的时候扮演的就是园丁的角色。

HRBP 在应用以上这些激励原则的过程中，不但要学会方法，而且要注意这些事项，只有这样才能灵活应对各种场景，做好员工激励工作。

第七章

建立非职权影响力

HR

HRBP

第一节　非职权影响力的来源

　　每个员工在公司内部都拥有一定的影响力，既包括自身职权和职位带来的影响力，也包括所学专业和工作经验带来的影响力。上述这些属于职权影响力，非职权影响力则主要来源于组织赋予的资源控制力、信息掌握情况、资源掌握情况、沟通说服的能力、个人魅力等因素。影响力的来源如图 7-1 所示。

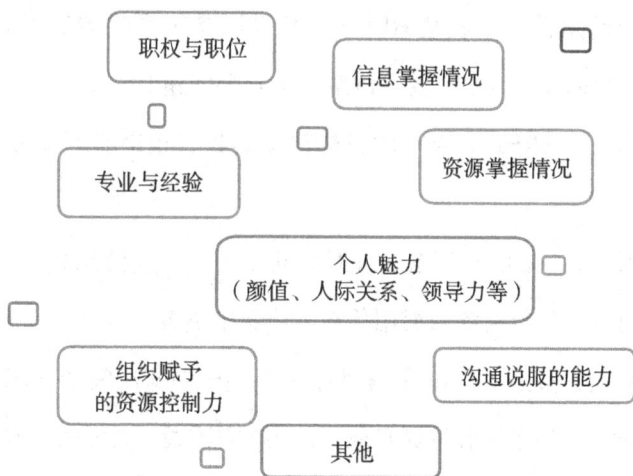

图 7-1　影响力的来源

第二节　运用非职权影响力的关键步骤

职权与职位带来的影响力多是由公司管理者赋予的，非职权影响力通常是自己掌握和提升的。HRBP 运用非职权影响力时主要包括以下三个关键步骤，如图 7-2 所示。

一、知己知彼

知己知彼，也就是 HRBP 了解自己希望影响的目标对象。对于目标对象，HRBP 要弄清楚以下几个问题。

第一，HRBP 要影响的目标对象是谁，也就是利益攸关者是谁。

第二，HRBP 要了解目标对象的立场、利益和需求。

第三，目标对象习惯用什么方式制定决策。

第四，如果 HRBP 在与目标对象关于制定决策的问题上产生冲突时，为了说服目标对象，HRBP 应该做出怎样的调整呢？

HRBP 要影响的对象分为四种，分别是主要决策者、审核检查者、支持协作者和实际操作者。

主要决策者类似于部门总监，HRBP 在为他们提供建议或

运用非职权影响力的三个关键步骤

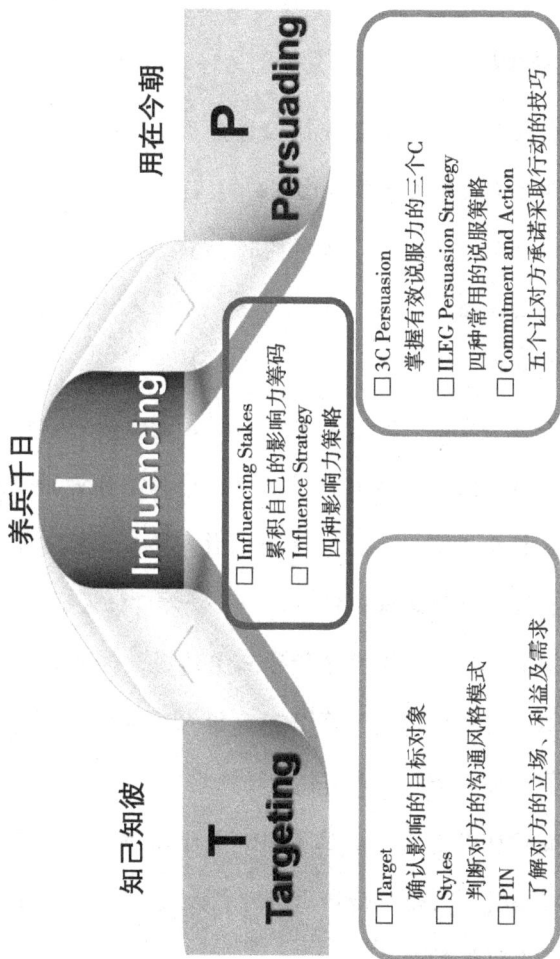

养兵千日　　　　用在今朝

I
Influencing

□ Influencing Stakes
　累积自己的影响力筹码
□ Influence Strategy
　四种影响力策略

P
Persuading

□ 3C Persuasion
　掌握有效说服力的三个C
□ ILEG Persuasion Strategy
　四种常用的说服策略
□ Commitment and Action
　五个让对方承诺采取行动的技巧

知己知彼

T
Targeting

□ Target
　确认影响的目标对象
□ Styles
　判断对方的沟通风格模式
□ PIN
　了解对方的立场、利益及需求

图 7-2　运用非职权影响力的三个关键步骤

解决方案时，他们关心的重点是这个建议或方案能给自己带来哪些利益和回报。

案例

某医疗器械公司是美商独资企业，北区销售经理 A 先生拥有名牌大学的博士学位，已在公司服务 12 年。招聘销售代表时，他对候选人的要求是，必须拥有 985、211 大学相关专业学士学位或以上学位，结果招人难、留人难、人力成本高，影响了公司开展业务。

HRBP 阅读了岗位说明书，参加了北区一二线城市的销售代表和项目经理的客户拜访工作，分析了目前的候选人来源和已经离职的员工情况，与 A 先生作了三次沟通。最后，A 先生接受了 HRBP 的建议；销售部开始修订岗位说明书。

HRBP 与销售经理进行了三次沟通，沟通的重点集中在务实判断公司现状及招聘条件，分析人才市场的变化和商业环境的竞争局面，分析招聘工作的性价比。

由此可以看出，这位 HRBP 勇于面对现实，不是就事论事地解决问题，而是"借船出海、扩大战果"，体现了 HRBP 具有典型的非职权影响力。

审核检查者类似于财务部门审查报销单的专员，他们的主要诉求是检查员工提交的资料是否符合要求。

支持协作者关注的重点是怎样成功实施这个决策。

实际操作者是指公司的基层员工，包括实习生和文员等。他们不关心该决策的利益回报，而是关心这个方案会给他们带来哪些困扰。

不同的角色关注的重点是不一样的，正因如此，HRBP 在影响他们的时候，要采取不一样的方法。

接下来 HRBP 就要分析目标对象的立场、利益和需求，也就是 PIN，即 Position、Interest、Needs 三个英文单词的首字母缩写（如图 7-3 所示）。

PIN的构成

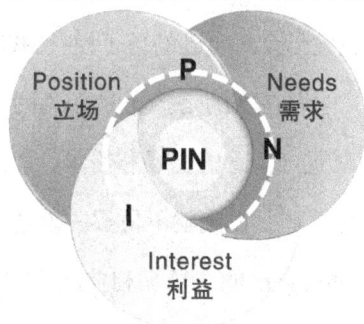

图 7-3　PIN 的构成

无论员工处于什么位置，他都有自己的立场、自己关心的利

益和需求（如图 7-4 所示）。HRBP 要了解清楚自己想要影响到的
每一个人的 PIN，只有识别清楚后，才能有的放矢地影响他们。

区分：立场/利益/需求

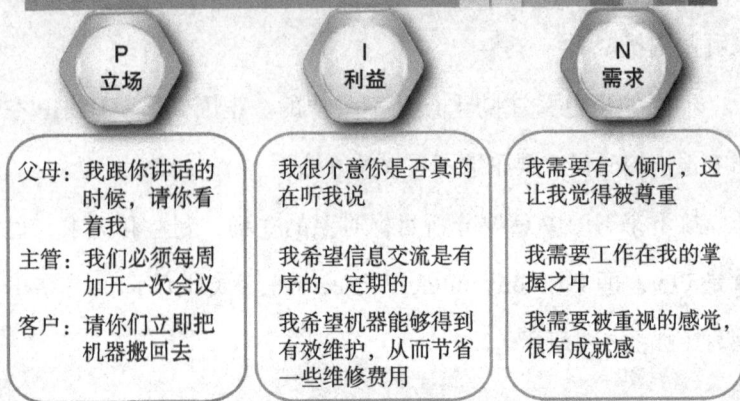

P 立场	I 利益	N 需求
父母：我跟你讲话的时候，请你看着我	我很介意你是否真的在听我说	我需要有人倾听，这让我觉得被尊重
主管：我们必须每周加开一次会议	我希望信息交流是有序的、定期的	我需要工作在我的掌握之中
客户：请你们立即把机器搬回去	我希望机器能够得到有效维护，从而节省一些维修费用	我需要被重视的感觉，很有成就感

图 7-4　父母、主管和客户的 PIN

如图 7-4 所示，父母会对自己的孩子说："我在和你讲话的时候，请你看着我。"他们在乎的是孩子是否真的在听，他们需要有人倾听，感到被尊重。主管的立场和需求，以及客户的立场和需求在图 7-4 中都有解释，在此就不再逐一赘述了。任何一个人在不同的场景中，都有自己的立场、利益和需求，HRBP 的工作就是识别出在不同的场景下这个目标对象的立场、利益和需求。

了解到目标对象的 PIN 后，HRBP 还要了解他的决策风格的类型（如图 7-5 所示）。

分析目标对象的决策风格的类型

要思考

- □ 对方喜欢用何种方式做决策？对方在意的是？
- □ 自己喜欢用何种方式做决策？
- □ 自己与对方习惯的决策风格有何差异？
- □ 行动：采用对方觉得安全舒适的方式建立关系

要避免

- □ 不花时间了解对方的决策模式
- □ 只在意自己的方式，不在意对方能接受什么方式
- □ 固步自封，无法调整自己

图 7-5　分析目标对象的决策风格的类型

每个人的决策风格不一样，有的人希望集齐所有资料后再做决定，有的人只要拥有一点资料就可以做出决定。HRBP 在面对具备不同决策风格的员工时，一定要学会换位思考，调整自己的工作方式，尊重员工的感受，不能完全按照自己习惯的方式开展工作，否则很容易在工作中造成矛盾。

决策风格可以分为四种类型，分别是驾驭型、表现型、亲和型和分析型（如图 7-6 所示）。

对决策风格的理解

IV. 分析型	我怎样看我自己	别人怎样看我	**I. 驾驭型**
	刻苦敬业 坚持不懈 严谨 机警 有条不紊	乏味 优柔寡断 安静 难以取悦 客观冷淡	
	我怎样看我自己	别人怎样看我	
	坚定 高要求 一丝不苟 明确果断 效率高	逼迫 严厉 独裁 无情刻薄 苛刻	
III. 亲和型	我怎样看我自己	别人怎样看我	**II. 表现型**
	乐于助人 礼貌 尊敬他人 可靠 有魅力	顺从、迎合 谦虚 优柔寡断 情绪化 软弱	
	我怎样看我自己	别人怎样看我	
	有魅力 精力充沛 热情 生动 鼓动激励	固执己见 易激动 反应活跃 任性 善于推销	

图 7-6 决策风格的四种类型

1. 驾驭型

以驾驭型为例，他们认为自己意志坚定、一丝不苟、明确果断、效率高。但是在别人眼里，驾驭型的人可能是严厉的，甚至有点刻薄和苛刻。这就说明自己看自己与别人看自己是不一样的。

这个分析给 HRBP 的启发是，在与员工沟通时，要注意内观自己跟外观自己的区别。对于驾驭型的人，HRBP 不能只看到他严厉、刻薄、苛刻的一面，也要看到他意志坚定、果断、效率高的一面。

由于驾驭型的人习惯独立做出决定，不会轻易屈服，那么 HRBP 要影响驾驭型的人时应该怎么办呢？如图 7-7 所示。

不同决策风格的特点&影响重点 - 掌控/驾驭型

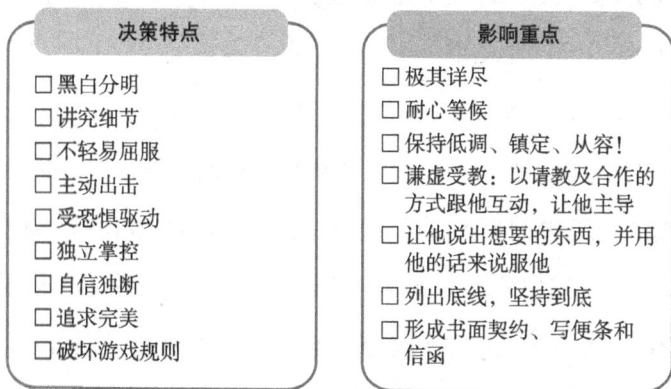

决策特点	影响重点
□黑白分明 □讲究细节 □不轻易屈服 □主动出击 □受恐惧驱动 □独立掌控 □自信独断 □追求完美 □破坏游戏规则	□极其详尽 □耐心等候 □保持低调、镇定、从容！ □谦虚受教：以请教及合作的方式跟他互动，让他主导 □让他说出想要的东西，并用他的话来说服他 □列出底线，坚持到底 □形成书面契约、写便条和信函

图 7-7　驾驭型人的决策特点和影响重点

（1）驾驭型的人通常气场比较强大，面对他们的时候 HRBP 要保持从容镇定，不要自乱阵脚。

（2）保持谦虚，用请教的方式引导驾驭型的人，而不是采取说教的方式教导他们。

（3）承诺了就要做到。驾驭型的人通常比较粗线条，粗线条的人会很快做出一个决定，但他不会跟进，在这种情况下，HRBP 最好和他签订一个书面的文件。

2. 表现型

第二种类型是表现型。通过名字就能知道，这种类型的人比较喜欢表现。他们在做决策的时候有以下几个特点：

（1）喜欢创新；

（2）需要冒险精神；

（3）做决定的时候迅速且坚决；

（4）非常注重结果；

（5）特别重视互动。

明确了表现型员工的决策风格后，在面对这一类型的人时，HRBP 就可以有针对性地调整工作方式，包括尽量收集关键有力的资料，谈话时直奔主题。在沟通、讨论的过程中，HRBP 可以放得更开一些，灵活性更强一些，不要太过僵硬。由于这种类型的人急于表现，有时候可能会忽略一些细节，所以 HRBP

的一项很重要的工作就是帮助他完善一些细节。具体如图 7-8
所示。

　　和驾驭型人一样，表现型人只注重他的表现，在务实方面
会欠缺一些，HRBP 要做的就是督促其执行、确保工作落实。

不同决策风格的特点&影响重点

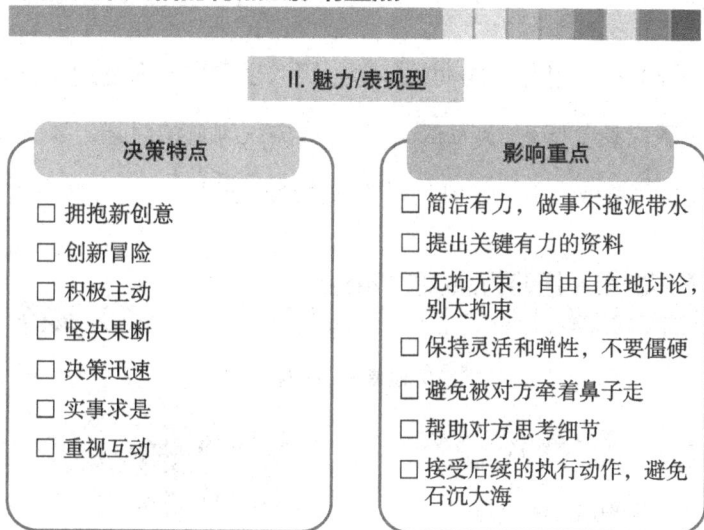

Ⅱ. 魅力/表现型

决策特点	影响重点
□ 拥抱新创意 □ 创新冒险 □ 积极主动 □ 坚决果断 □ 决策迅速 □ 实事求是 □ 重视互动	□ 简洁有力，做事不拖泥带水 □ 提出关键有力的资料 □ 无拘无束：自由自在地讨论，别太拘束 □ 保持灵活和弹性，不要僵硬 □ 避免被对方牵着鼻子走 □ 帮助对方思考细节 □ 接受后续的执行动作，避免石沉大海

图 7-8　表现型人的决策特点和影响重点

3. 亲和型

　　第三种类型是亲和型，这种类型的人的最大特点就是不愿
意和别人发生冲突，最好能够平稳地完成工作。了解到亲和型
人的特点后，HRBP 可以在以下几个方面影响他们做出决策（如
图 7-9 所示）。

（1）多举成功经验或事例，因为亲和型的人比较容易接受过去做过的或验证过的做法。如果这是个从来没有人做过或是一些创新的做法，他就很难接受了。这种类型的人属于"群居动物"，他们希望一群人共同做一件事，而不要让他一个人完成，所以 HRBP 在影响他们的时候，千万不要让他们做意见领袖。

（2）多引用旁人成功的经验，因为亲和型的人特别注重人际关系，具备同理心。HRBP 在与这类人沟通的时候，要多举成功的经验或案例，不要只跟他讲理论或创意。

不同决策风格的特点&影响重点

III. 追随者/亲和型

决策特点	影响重点
□ 接受验证过的真理	□ 多举成功经验或事例
□ 信任过去的成功经验	□ 证据越多越好
□ 喜欢完成熟悉的事物	□ 借力使力：引用旁人的成功经验推荐
□ 不爱出头	□ 保持简单，不必复杂化
□ 谨慎负责、有良心	□ 维持在舒适区：不要太创新
□ 擅长人际关系	□ 关注现状
□ 具有同理心	
□ 很会捕获人心	

图 7-9　亲和型人的决策特点和影响重点

（3）HRBP 在和这类人沟通的时候，每次应尽可能只跟他讲一个简单的主题，不要讲得太过复杂，如果太复杂，他们就会觉得这个事情风险性太高。他们喜欢呆在自己的舒适区，所以 HRBP 不要交给他们太前沿的工作。

4. 分析型

第四种类型是分析型。分析型的人在做决策的时候，会严谨地分析数据或资料。所以，HRBP 在给他们准备资料、数据时一定不要有失误，尤其是不要有低级错误（如图 7-10 所示）。

不同决策风格的特点&影响重点

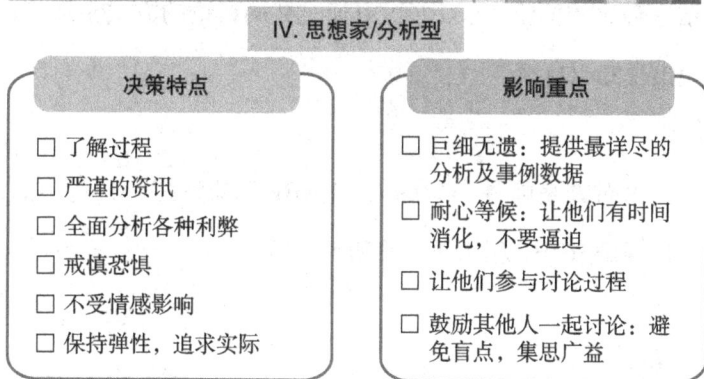

IV. 思想家/分析型

决策特点	影响重点
☐ 了解过程 ☐ 严谨的资讯 ☐ 全面分析各种利弊 ☐ 戒慎恐惧 ☐ 不受情感影响 ☐ 保持弹性，追求实际	☐ 巨细无遗：提供最详尽的分析及事例数据 ☐ 耐心等候：让他们有时间消化，不要逼迫 ☐ 让他们参与讨论过程 ☐ 鼓励其他人一起讨论：避免盲点，集思广益

图 7-10　分析型人的决策特点和影响重点

分析型的人在做决策前喜欢全面分析各种利弊，也许 HRBP 会觉得这是浪费时间，可是分析型的人追求的就是一种严格的对和错，或者是说全面的分析和真实的结果，所以 HRBP 一定要了解他们的特点。

分析型的人属于理性人群，理性人群一般不会受到情感因素的影响，也就是说 HRBP 向他们打感情牌的作用不大。

HRBP 在试图影响分析型的人做出决策的时候，首先，所有数据都必须是最详尽、最准确的，不要出现任何低级错误，否则他们对 HRBP 的信任度就会马上下降。其次，因为分析型的人要花时间分析各种利弊并理解和消化，在确保自己真正理解了之后，他们才会做出决定，所以 HRBP 需要留出足够的时间。最后，HRBP 要让分析型的人参与到讨论中来，以免他们得出的结论会比较偏激。HRBP 可以通过共同讨论的方式集思广益，避免出现知识盲区。

无论对方是哪种类型的人，HRBP 都要保持一种包容的态度。包容是 HRBP 应该具备的基本素养。

二、养兵千日

养兵千日，也就是积累 HRBP 的影响力筹码。HRBP 需要思考以下几个问题：怎样积累自己的影响力筹码？自己的影响力筹码到底有哪些？怎样利用非职权影响力？有哪些具体策略？

影响力筹码包括自有筹码和外来筹码两种。

1. 自有筹码

HRBP 应当拥有如下 8 个自有筹码。

（1）意志力：坚持和韧性；

（2）个性与性格：自信、刚正、诚实和职业道德；

（3）交往技巧：与人交往的能力；

（4）专业：经验、资历和声誉；

（5）沟通交流的技巧：沟通、说服他人的能力；

（6）人际网络：在组织发展或产品生产过程中的人际关系；

（7）"困难时期"的表现：怎样处理艰难时期的危机和风险；

（8）决断：面对困难时的决策能力。

2. 外来筹码

HRBP 拥有的外来筹码有以下 9 个。

（1）管理层的支持；

（2）合同条款；

（3）公司的文化氛围；

（4）公司的目标、政策、规定；

（5）国家法规；

（6）公司拥有的信息库；

（7）公司的产品、服务和口碑；

（8）组织提供的资源（如人力、物力和财力）

（9）客户公司的文化、规定、程序（特指对已方有利的）。

3. 灵活运用常见的四种非职权影响力策略

非职权影响力策略包括喜爱、互惠互利、承诺责任和社会认可四种。

第一种策略叫喜爱。每个人都愿意对自己喜欢的人说 YES，认可对方的想法和做法。如何判断谁是自己喜欢的人呢？主要看双方的熟悉度和共同点、交流的频率有多高，以及是否有一些共同的兴趣爱好。HRBP 就要花时间多和目标对象相处，谈论一些大家共同的爱好和兴趣，多运用称赞、认可的交往技巧。

第二种策略是互惠互利。所谓互惠互利，就是投桃报李，你帮我一次，我也会帮你一次。

第三种策略叫承诺责任，是指一旦答应了别人就要信守承诺。HRBP 在与业务部门沟通或合作的时候，一定要把共识用文字的形式固化下来，即便不能形成书面文字，也要做一个口头上的承诺。

第四种策略叫社会认可，HRBP 要帮助员工提升自己的声望，包括在公司内部提高其美誉度，这样员工就会更加信任HRBP，HRBP 在开展工作的过程中也会得到其配合。

三、用在今朝

ILEG 是四个英文单词的首字母缩写，这四个英文单词分别是 Incentive、Logic、Empathy 和 Grouping。

第一个是 Incentive，译为诱之以利，HRBP 要告诉员工做这个事情的好处或后果。

第二个是 Logic，译为晓之以理，也就是 HRBP 在引导员工时要有逻辑性，要讲道理。

第三个是 Empathy，译为动之以情，就是 HRBP 让员工知道他要做的这件事情，可能会遇到困难，让他感觉到 HRBP 是感同身受的，这也叫作同理心。

第四个是 Grouping，译为晓之大义，就是 HRBP 要让员工知道大家做的事情是为了提升公司业绩，让员工感受到 HRBP 的用意和出发点。

这四个环节听上去很简单，但 HRBP 真正运用起来的时候，要涉及到很多的沟通和谈判技巧，需要 HRBP 在日常工作中慢慢磨练、积累。

第三节　赢得业务部门的信任、建立影响力

HRBP 要想赢得业务部门的信任，就需要建立自身的影响力，成为"值得信赖的活动家"。

一、做"值得信赖的活动家"

1. 通过结果赢得信任。HRBP 对目标对象不要谈太多的专业程序、流程或制度，一定要谈结果，因为工作是以结果为导向的。

2. 影响他人并与其建立联系。HRBP 要与不同部门、不同层级的员工交流，并与他们建立广泛的联系。

3. 提升 HRBP 的专业性。HRBP 不能只把重心放在搞好人际关系上而忽略了本职工作。做好本职工作是 HRBP 赢得员工信任的重要基础。

二、做有公信力的 HRBP

1. 修炼内功，夯实人力资源基础知识

（1）HRBP 要熟知劳动法规，这是 HRBP 开展人力资源管

理工作的前提之一。

（2）HRBP 要具备数据分析及数据处理能力。在大数据时代，HRBP 要学会进行数据分析，通过分析数据为业务部门提供员工离职预判、组织发展方面的建议。数据是最有说服力的。

（3）HRBP 要掌握薪酬福利知识。

2. 提高沟通能力

（1）口头表达能力。HRBP 在与员工沟通的时候，要尽量引起对方的兴趣。

（2）书面写作能力。HRBP 对内写工作邮件、对外写招聘广告，以及在与员工产生劳动纠纷时撰写公文。

3. HRBP 要从业务工作的角度出发，做业务部门真正的伙伴，让经营策略在人力资源管理实践中落地。

4. HRBP 要善于借助外力，提升自身专业能力。

第四节　HRBP 成为有影响力的业务伙伴的方法

HRBP 如何成为有影响力的业务伙伴呢？主要有如下三个方法。

一、脑法

脑法，也就是说 HRBP 对业务部门的工作要有长期目标和全局观，HRBP 要成为一个站得高、看得远的人。

二、心法

心法主要包括以下两个原则。

1.动机比技巧更重要

HRBP 在影响业务部门的工作时，动机比技巧更重要。作为业务伙伴，HRBP 首先要知道怎样确保组织和部门获得成功，而不是简单地从哪个部门更加重要的角度出发开展工作。

2.不要猜测

业务部门对工作会有很多想法，HRBP 不要受到他们言行的影响，而要深入挖掘他们真正的想法。

三、手法

HRBP 在运用手法时有以下三个核心技巧。

1.方案移开

解决方案本身是没有价值的，HRBP 要专注于发现业务部门需要解决的问题和想要达到的结果。这样才能取得业务部门的信任，业务部门才会真正接受 HRBP 的建议。

2. 提问倾听一体两面

倾听和提问并不矛盾，如果 HRBP 提不出有效的问题，就会失去听的意义；同样，没有认真倾听，也就提不出有效的问题。

3. 结构化会谈

结构化会谈可以分为以下"六步"。

（1）列清单，针对潜在问题列出一个清单；

（2）补完整，确保清单中列出了所有问题，如有不足，应立刻补充；

（3）找重点，识别其中最重要的问题；

（4）深挖掘，找出问题产生的根源；

（5）寻反馈，与会谈对象总结谈话要点；

（6）排先后，按重要性对问题进行排序。

第八章

推广企业文化

HR

HRBP

第一节　帮助 HRBP 解读组织文化的十个关键词

一、行为规范

组织文化主要体现在员工表现出的行为规范，如人们使用的语言、遵循的相关习俗，以及他们在各种情境下采用的仪式。腾讯公司有一个名为"瑞雪精神"的传统，即不要逆乘电梯、要文明排队等。不同的公司文化在行为表现方面是不一样的，例如，外企的行为规范里包括握手，但是很多民营企业的老板和员工就不习惯握手。

二、群体规范

群体规范是指公司内部形成的不成文的标准或价值观，例如，谷歌公司坚持公正、自由的信仰，其中有一条就是"不作恶"。

三、价值观

价值观是指公司努力实践的那些公开的原则，这些原则经常出现在员工手册、企业刊物或宣传海报上。如阿里巴巴的"六脉神剑"——客户第一、团队合作、拥抱变化、诚信、激情、敬业，这是所有阿里人必须遵守的核心价值观。

四、正式哲学

正式哲学包括广泛的政策和原则，更像是管理者的管理哲学。它可以引导股东、员工、顾客以及其他利益相关者参与一个群体活动，如被广泛宣传的惠普公司的"惠普之道"或强生公司的"信条"。

五、游戏规则

游戏规则是指某一个组织中员工相处时应遵守的规则，它们往往是隐含的、以非书面形式呈现的，他们是新入职的员工必须学习的规范，也就是"我们这里的行事方式"。

例如，某位新员工刚到一家公司上班时通常是比较准时的，时间一长，当他发现大家都会晚上班时，这名新员工也会变得和大多数员工一样了；有的公司有非常宽松的午餐时间，最初员工吃完饭就会抓紧时间工作，后来他发现大家都会午休，那么午休的群体效应就会产生了。

六、气氛

每家公司都有它独特的气氛，这个感觉类似于企业文化。例如，银行的办公环境都是很安静的，员工之间交流或打电话的声音都很小。

七、思维习惯、心智模式和语言范式

即员工共同分享的认知框架或共同语言，它指导群体成员的感知、思想及语言，并教给新成员。

八、共享意义

共享意义是指组织成员在互动中创造的理念，如阿里巴巴的"倒立文化"——换个角度看世界。这个"倒立文化"并不是官方的规定，而是由员工自主发起的，发起这个理念的员工说："我想换个角度看世界"，由于这种自发的行为非常符合大家的价值观，所以会传播得特别快速而广泛，这也是企业文化的体现。

九、"深层隐喻"或综合象征

"深层隐喻"或综合象征主要呈现在建筑物、办公室布局和其他制品上，体现了组织成员的情感和审美，如爱彼迎的文化墙，墙上的每一幅画都和员工有关，爱彼迎请来专业设计师，将员工的生活和故事画在了墙上，同时把公司的文化也画在了墙上，这堵墙就是爱彼迎公司的象征或隐喻。腾讯公司有一个地图显示屏，地图上有很多点，这些点就代表了正在使用微信的用户，只要这个地方有用户在使用微信，这个点就会亮，并显示一个数字，表明有多少亿人正在使用微信。这是一种非常震撼的展示方式，能让员工感觉到自己公司的产品的影响力，让员工产生自豪感和成就感。

十、正式仪式和庆典

即公司员工庆祝重大事件的方式，这些事件反映了组织的价值观、重要项目以及里程碑事件，如 5 月 10 日阿里日体现出的"家文化"。

第二节 企业文化落地

一、文化落地的目标

文化落地的目标，就是打造公司所有员工都认同并遵循的文化理念。组织用文化的方式凝聚员工，实现"用文化管企业、用文化兴企业"的目标。也就是说，管理者和 HRBP 在管理员工的时候不仅要靠管理技巧，更重要的是用文化管人。

文化有三大作用，首先它是企业发展的基石，员工基于对企业价值观的认同而凝聚在一起；其次它是员工的行为导向；第三它是团队凝聚力的联合体。这也是文化落地的主要目标。

二、文化落地的方案

企业文化落地主要包括"知""信""行"三个方案，也就是先让公司员工知晓企业文化，然后认同企业文化，最终在行动上体现企业文化。

1."知"文化落地方案

HRBP 力图实现企业文化宣传的全覆盖，达到对公司全体员工的文化冲击。"知"文化落地方案主要包括以下几个方面的内容。

（1）文化落地方案定稿后，印发宣传企业文化的刊物，召集全体员工参加企业文化发布会。

（2）定制工作模板、公司礼品、办公用品，对员工形成文化冲击。

（3）实现制度及行为规范落地，编写企业文化手册和员工手册。

（4）培训及宣导。开展新员工入职培训和针对全体员工的企业文化培训。

2."信"文化落地方案

企业中高层管理者主要通过如下行为影响下属，让员工认同企业文化。

（1）推广干部文化建设，自上而下地推进企业文化建设。例如，每半个月组织召开管理层文化研讨会，对模范人物进行访谈。

（2）各部门负责人成为企业文化的传播者。通过组织部门员工学习管理层研讨会成果，开发《管理者如何做好文化传承》

课件，每月组织召开本部门的企业文化宣传活动，HRBP参与并做好活动记录和报道工作，对在文化传承、文化落地、文化建设方面表现优秀的团队进行采访和报道，提升各级管理者的企业文化考察能力。

（3）招聘符合企业价值观的员工。HRBP在面试应聘者和新员工试用阶段考察应聘者或新员工与企业文化的融合情况，部门经理每月进行一次企业文化融入面谈。

（4）完善反馈机制。建立健全员工反馈机制，在企业文化主题活动、新员工转正、季度或年度评价中加入企业文化评估项目，并针对评估结果进行反馈。

（5）加强绩效文化建设，重塑公司价值体系。每月召开一次管理层绩效总结和沟通会议，针对不同的主题进行在线测评和调研，进行每月一期的绩效文化主题知识宣导。

（6）优化公司激励与认可体系，建立以组织价值为导向的个人价值体系，加强员工的文化认同感。HRBP定期组织开展明星员工和最佳团队的评优活动、入职导师的评优活动，以及其他各类评优与认可活动，每月开展"文化大使"的征集活动，挖掘并树立文化标杆和典型人物。

3. "行"文化落地方案

推行企业文化的最终目的是"行"，使全体员工践行企业文化，让企业文化成为员工日常行为的价值导向。HRBP 在推行企业文化落地的过程中，主要有如下几个方面的工作。

（1）分层分级进行员工行为建设。HRBP 倡导员工执行员工行为规范，推行红线管理，收集与分享正反面行为案例。

（2）制度建设与执行。建立员工行为奖惩规范，拟订企业文化手册并组织推广，将企业文化的执行情况纳入员工晋升与绩效考核标准中。

（3）营造企业文化氛围。活动氛围包括内部活动氛围（如员工关爱、内部成长与学习知识技能类活动），外部活动氛围（如公益活动、新闻宣传活动）。

案例

在阿里巴巴公司，"双十一"不只是程序员的"战役"，还是一场 HR 的"战役"。

每年到了"双十一"，当大家都在谈论"阿里程序员们支起帐篷决战双十一""阿里加班餐美食大赏""阿里成交额又破记录"等话题时，HR 们在忙什么呢？

1. "战"前排兵布阵

阿里巴巴公司对 HR 的要求中第一点也是最重要的一点，就是懂业务。

在每年"双十一"的业务战略生成之后，HR团队通常会在6月召开战略会，确定人力资源部将如何排兵布阵，确保战略目标的完成。

2.营造氛围，准备"粮草"

很多企业在准备"战役"时会把公司的氛围搞得非常压抑，阿里巴巴则不是这样的。

阿里巴巴会安排HR炒热"双十一"气氛，让所有"参战"的阿里人都可以在轻松愉快的氛围里工作。炒热气氛的方式如下。

第一，让员工们吃得爽。

天猫国际的"小二"们会搜罗全世界的美食，甚至会请厨师到现场烹制美食，HR们负责布置"补给加油站"。

第二，让员工们休息好。

HR们会为员工安排快闪按摩，只要员工累了，随时会有人过来为员工按摩。

第三，给员工们制作纪念"道具"。

阿里巴巴的HR们每年会为员工定制一件"战袍"，还会让平台的商家们互换"战袍"，通过这样的互动把整个平台的生态联动起来，让所有商户和阿里人一起营造全民狂欢的氛围。

3.化干戈为玉帛

每家企业都有为工作观点不同而红过脸的员工们，在这个特别的日子，阿里巴巴的 HR 们会把员工工作时的感动瞬间记录下来，让员工产生共情、冰释前嫌、携手共进。

4. 激活非业务部门的热情，让所有人参与进来

很多中小型电商企业的老板有这样一个苦恼：每到"打仗"时，业务部门在前线"冲锋陷阵"，非业务部门却一片宁静，和平时没有任何区别。有这种困扰的管理者可以让自己公司的 HR 们学习一下阿里巴巴的玩法。阿里巴巴的人力资源部会策划小活动，把业务部门和非业务部门联动起来，增强非业务部门的参与感和自豪感。

5. 兼职记者，开展特别报道

阿里巴巴的 HR 们还要兼职记者，把"双十一"期间温暖鲜活的故事挖掘出来。那些激情燃烧的好时光，会在 HR 们的一篇篇文字、一个个视频中呈现出来。

阿里巴巴不仅对外开启"猫晚"，还会在内部策划"双十一"晚会。HR 们会把奋战在一线的员工的家属请来，请家属表演节目，然后把家属表演的节目视频放给员工们看，让他们见证彼此的爱与关心。

在整个过程中，HR 们会通过文字或视频的形式进行传播，将体现组织文化价值观的故事收集成册，让每一个阿里员工感受到他们的生命在闪闪发亮，让他们的家人以他们为傲，让阿里巴巴的客户更相信也更敬佩他们。

在"双十一"大战中有一些年轻的"将领"，他们究竟承载了多少压力，内心经历过多少波澜，都是通过 HR 们的观察与记录，分享给了更多的人。

6. 做各部门沟通的桥梁

在"双十一"活动期间，各部门都在体验着"速度与激情"，有时候因为信息的不对称会导致各部门出现沟通障碍，严重的还有可能会得罪客户。

为了保证各部门沟通顺畅，HR 就扮起了协调者的角色，把信息准确无误地传达给各个部门，确保各部门工作的顺利进行。

7. 构建企业认同感

"双十一"结束了，但不等于 HR 的工作结束了。HR 们会组织评奖活动，回顾今年和往年的"双十一战绩"，给杰出员工颁发纪念勋章。HR 们还会把员工在每一个"双十一"的表现都记录下来，放给他们看，让员工们感受到荣耀与自豪，让他们真正爱上这个集体，认同公司的文化。

三、文化落地工作规划

HRBP 将价值观落地到日常工作中主要包括三个步骤，分别是文化建设、氛围建设和文化传播。

1. 文化建设

文化建设工作规划主要分为两个部分，第一是管理层的文化建设，第二是基层的文化建设。

在管理层的文化建设工作中，最主要的是明确中高层管理者在传承企业文化过程中的重要性。如果一家公司只有 HRBP 在推行企业文化建设，推行效果就可想而知了。HRBP 在推行企业文化时，需要老板、总监和部门主管拥有一种共同的理念，这样的传播才会有力量。

基层的文化建设主要采取部门传播、培训和宣传的形式，让员工理解和践行企业文化。

2. 氛围建设

氛围建设包括工作氛围建设和生活氛围建设两种。

（1）工作氛围建设，是指 HRBP 需要具备沟通力，加强部门间合作与跨部门沟通，营造和谐的沟通氛围，培养员工对企业文化的认同感，形成良好的工作习惯，管理层也要以身作则，在日常工作中关怀员工。

（2）生活氛围建设，包括完善团队活动管理机制，有效发挥各级团队活动的作用，通过各类活动增强员工的归属感和对企业文化的认同感，提升公司的凝聚力。HRBP 要用心举办丰富多彩的员工活动。

3.文化传播

文化传播分线上宣传和线下宣传两种。

（1）线上宣传包括开通及运营微信公众号，撰写公告和邮件，发布公司大事新闻稿等。这种形式具有形象化和同步更新的特点。

（2）线下宣传包括开发公司内部宣传要点，实现文化全覆盖，围绕"知""信""行"开展多样化的文化推广活动，企业要积极参与社会公益活动，提升企业的知名度，以及员工的荣誉感和自豪感。这种形式具有多样化、冲击力强和全面覆盖的特点。

第三节　阿里巴巴、百度和腾讯打造企业文化的案例

案例一

阿里巴巴打造企业文化的五大工具

第一，文化道具。阿里巴巴会借助一些"文化道具"连接员工的心，实现"借物管心"。例如，淘宝的所有员工都要学会

"倒立"，也就是管理层希望员工能够换个角度看问题。

第二，传承布道。阿里巴巴认为，价值观的宣导和传递需要在企业内部形成一定的传播机制，员工不应只是"卫道士"，更应该成为"布道者"。如阿里巴巴对老员工的管理，一个值得注意的细节是，在阿里巴巴公司，只有工作五年以上的老员工才能佩戴橙色的工牌，这个工牌与职位无关，这是阿里巴巴给老员工的一种荣誉和尊敬，同时也激励着老员工主动传播企业文化。

第三，制度与文化的协同。阿里巴巴认为，缺乏制度保障的文化是空洞的，缺乏文化支持的制度是乏力的。当严重违规的员工被开除之后，阿里巴巴的做法是，在一定范围内为员工还原事情的真相，而不是让谣言继续传播。

第四，固定仪式。每年的 5 月 10 日是阿里巴巴为员工举办集体婚礼的日子，无论多忙，马云都会亲自主持婚礼。5 月 10 日对阿里巴巴有着重要意义，这一天也是阿里巴巴的开放日，员工可以和家属一起上班，也可以带着自己的宠物到公司。

第五，故事传播。阿里巴巴的每一个管理者都要成为故事的发现者、收集者和传播者。新员工入职之后，一般都会听到几个故事，有的故事是讲述创业艰辛的，有的故事是鼓励员工努力工作的。除了讲故事之外，阿里巴巴还会将员工的故事拍成视频，用来激励其他员工。

🖼 **案例二**

百度文化的精髓

在《百度论语》的字里行间都透露出一种文化，那就是"简单"。百度的简单文化并不流于表面，而是深蕴其中，其中的智慧与精髓在《百度论语》中有很好地展现。

1. 产品简单

从创立之初，百度便将"让人们最平等、便捷地获取信息"作为自己的使命。成立以来，公司秉承"以用户为导向"的理念，不断坚持技术创新，致力于为用户提供"简单可依赖"的互联网搜索产品及服务。百度和百度人拥有一个与生俱来的性格，那就是"让产品简单、再简单"（《百度论语》第二十九条）。

2. 理念简单

百度只专注于提供搜索服务，从未涉足炙手可热的网游，因为李彦宏有一个简单的理念："人一定要做自己喜欢且擅长的事情"（《百度论语》第一条）。

3. 决策简单

决策方式有很多种，但是很多企业管理者会疑惑：听上级话的员工会不会被认为是"马屁精"？总自己作决策会不会给人留下独断专行的印象？全盘接受下属的建议会不会显得自己很无能？在百度，有一个简单、可执行的标准，那就是"听多数人的意见，和少数人商量，自己做决定"（《百度论语》第十八条）。

4. 流程简单

李彦宏始终坚持系统性思维，一件事情如果发生过两次以上，就要考虑用系统的方法解决它。新百度人延续了这种思维，他们已经无数次地从系统化流程中体会到了"一时复杂、一直简单"的好处。因此，百度坚持"用流程解决共性问题"（《百度论语》第二十条）。

在百度，简单无处不在。

埃德加·沙因说："管理者要做的唯一一件重要的事情就是创造和管理文化。"李彦宏做的"唯一一件重要"的事情就是"打造百度独有的简单文化"。

案例三

腾讯公司的企业文化中有一个重要的部分就是告诉员工如何解读腾讯战略。

1. 把文化写进公司纲领

腾讯公司要求将企业文化写进公司纲领，并且不可更改。

腾讯每年会为员工发放文化衫，11 月 11 日这一天大家会穿上文化衫拍合影，意为大家有同样的价值观，同衣同心。后来文化衫变成了腾讯内部一种特别有爱的表现，大家在任何时候都会穿。甚至有员工去国外旅游时遇到了穿同样文化衫的人，即便大家互不相识，也会互致微笑，这一场景特别温馨。曾经有个小故事，有一天下雨了，腾讯的某位员工没带伞，只好在街边避雨，这时有一辆车停了下来，司机对她说："你是腾讯的吧？我带你过去。"司机之所以这样做，就是因为这名员工穿了腾讯的文化衫。

2. 文化与产品结合

2013 年腾讯提出了精品战略，在公司里进行了一个产品盘点，让所有员工投票，选出他们认为的精品产品，当时有三款产品胜出。公司对这三款产品的负责人进行了采访，让他们谈一谈精品的概念。这样很多员工就会知道，究竟什么样的产品是精品。

微信红包也是由腾讯文化延伸出来的。腾讯有发开工利是的传统，也就是所有员工在初八上班那一天会排队领新年红包。马化腾等中高层管理者站在门口，他们的身后是几万个红包。2014 年，开发微信的员工考虑，为什么不能在线发红包，大家一起抢呢？结果，这样一个创意就成为了现在人们生活中经常用到的功能。

腾讯的 HRBP 会经常盘点产品，让所有员工参与到公司的产品优化过程中，因为每个人都是产品经理。

3. 文化与管理结合

用户调研在腾讯无处不在，HRBP 在发布新制度、推出新产品之前都会询问员工的意见。调研也是一种宣传方式，当真正推行制度或产品的时候，员工已经完全了解这项制度或这个产品了，也就很容易接受了。因此，管理一定要和企业文化相结合。

4. 文化和公益相结合

以腾讯有名的 404 为例，网友在通过电脑进入 QQ 页面或 QQ 空间的时候，偶尔会有找不到页面的情况。腾讯就想到了与公益组织联合起来，在出现 404 界面的时候，页面可以刊登走失儿童的资料，帮助这个家庭把孩子找回来。迄今为止，已有 20 多个孩子通过这种方式回到了父母身边，腾讯员工也会感到非常自豪。

腾讯有很多员工由于各种原因离职或跳槽去了其他公司，当他们遇到问题的时候，腾讯的老员工还是会伸出援手，这样的事情就会把大家的心凝聚到一起。由此可见，腾讯是一家非常有爱、非常温暖的公司，管理者和 HR 在其中起到的作用不可小觑。